Workbook/Kete 8

For everyday learners of the Māori language

Scotty Morrison

The *Māori Made Easy* Workbook/Kete series

Pronunciation
Numbers
Greetings and farewells
Action phrases
Personal pronouns

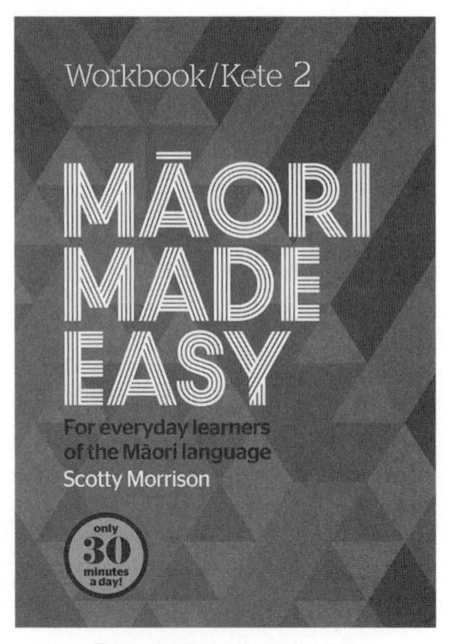

Possessive prepositions
Ā and Ō categories
Whānau and introductions
Tense markers
Locatives

Descriptive sentences
Intensifiers
Past-tense questions and answers
Time, seasons and months

Passive structures
Giving orders
Stative verbs
Revision

More on statives
More on passives
Using 'ai'
More on using 'hoki' and 'rawa'
Answering 'why' questions

Answering future-tense 'why' questions
Other ways to use 'ia'
When to use 'i' and 'ki'
When to use 'kē'
When to use 'ki te' and 'kia'

When to use 'hei'
Using 'kore' and 'me kore'
Using numbers
Using 'taihoa'
Describing objects and people
Expressing feelings

More on expressing feelings
Parts of the body
Ailments
Talking about food
Asking for and giving directions
Skills for telling a story

RAUPŌ

UK | USA | Canada | Ireland | Australia
India | New Zealand | South Africa | China

Raupō is an imprint of the Penguin Random House group of companies,
whose addresses can be found at global.penguinrandomhouse.com.

The *Māori Made Easy Workbook/Kete* series (5–8) first published as
Māori Made Easy 2 by Penguin Random House New Zealand, 2018
This workbook first published by Penguin Random House New Zealand, 2020

3 5 7 9 10 8 6 4

Cover design by areadesign.co.nz © Penguin Random House New Zealand
Text design by Sarah Healey and Shaun Jury © Penguin Random House New Zealand
Illustrations by Kiah Nagasaka
Printed and bound in China by RR Donnelley

A catalogue record for this book is available from the National Library of New Zealand.

ISBN 978-0-14-377455-6

penguin.co.nz

Contents

Contents

Introduction

Nau mai, haere mai! Welcome to the *Māori Made Easy Workbook/Kete* series!

Congratulations on your commitment to continue on from the first workbooks (1–4), and if you are starting the programme at this level after a year or so of studying te reo Māori in some other way, koia kei a koe! Just like the first four workbooks, this book has been designed to accelerate your learning and acquisition of the Māori language. It is structured to use just 30 minutes of your precious time each day. We are all time poor, so whenever you get 30 minutes to spare in your busy schedule, that's the best opportunity to do your Māori language study. No waiting for your night class to start, no travelling to the local wānanga or university. Press your reo Māori button for 30 minutes a day and get yourself to an intermediate standard of Māori language expertise!

The book is self-directed. The only online component is the weekly pāhorangi, or podcasts, you are required to listen to. These are scheduled in for Friday of every week, but I encourage you to listen to them over and over; they will be a big help in your language development. On every fifth week you will complete a set of exercises designed to revise what you learned over the previous four weeks. If you understand the written dialogue and the questions asked, and provide correct answers during these revision weeks, then the indicators are good that you are developing a sound understanding of te reo Māori. If not, go back and do the previous four weeks again to try to get the level of understanding that will enable you to move forward; or at the very least keep listening to the pāhorangi for those weeks. Whatever it takes. Learning te reo is a marathon, not a sprint, so take your time, relax, and learn at a pace that is comfortable for you.

Now, all answers to the exercises are at the end of the book but only check those once you complete each session – no cheating, e hoa mā! Each week follows a general structure beginning with an introductory proverb. There may also be a conversation between two characters, Mere and Māka, demonstrating the sentence structures that will be learned during the week. The idea is that you read their conversation with little understanding of what's being said, but by the end of the week, after all your study and exercises, you should be able to follow it.

There will be explanations and exercises to reinforce your knowledge around the new sentences and vocabulary of each week. A crossword rounds out most weeks to reinforce the vocabulary you have picked up, and to have a bit of fun.

Good luck, e hoa mā, and kia kaha!

Scotty Morrison
January 2020

The Learning Journey

I began to learn te reo Māori during my first year at university when I was 19. My first-year results were mediocre to say the least, but I began to socialise with native speakers of the language as my interest and understanding of it grew. In my second year, I flatted with two expert native speakers of Māori, and it was during that year that I attained a level of fluency. I was fortunate to be exposed to a more colloquial style of language in our flat (where Māori was basically the favoured language during the whole year) while continuing on with the more formal textbook-based learning style at university. Based on my experience learning te reo Māori, I now advocate the following pathway for learning a new language:

Year One

Me aronui
Focus

Me manawanui
Be determined and tenacious

Me kimi kaiako mātau, tautōhito hoki
Find an experienced and renowned tutor or lecturer

Me kimi wāhi āhuru
Make sure you feel safe and comfortable in your learning environment

Me whai kaupapa wetewete kōrero māmā noa iho
Learn grammar but in a light and easy format

Me aro ki te wairua me te hā o te reo
Connect with the essence of the language

Me kimi hoa ako
Find a friend to learn with you

Me aro ki ngā rerenga pū, ki ngā rerenga māmā noa iho
Keep it simple, learn the fundamentals

Me ako kupu kōrero e hāngai ana
Learn words and phrases you will use regularly

Me mātaki i ngā kaupapa ako reo ki runga pouaka whakaata
Watch and analyse Māori language learning programmes on television

Me whakarongo hoki ki ngā kaupapa ako reo ki runga reo irirangi
Listen and analyse Māori language learning programmes on the radio

Me hono atu ki te rautaki reo a tō iwi
Join the language strategy of your tribe or community

Me tāwhai i te reo o tō kaiako, o te hunga mātau hoki
Imitate the language style of your tutor and expert speakers

Year Two
Me kimi kaupapa rumaki
Look for an immersion learning programme

Me ako tonu i ngā kupu kōrero e hāngai ana
Continue to learn words and phrases you will use regularly

Me tāwhai tonu i te reo o tō kaiako, o te hunga mātau hoki
Continue to imitate the language style of your tutor and expert speakers

Me kimi hoa kōrero Māori, mātau ake i a koe
Find Māori-speaking friends, especially ones more fluent than yourself

Year Three
Me tīmata koe ki te whakarāwai, me te whakanikoniko i tō reo
Begin to garnish and adorn your language

Me aro ki te takoto o te kupu
Focus more on grammar

Me tāwhai tonu i te reo o tō kaiako, o te hunga mātau hoki
Continue to imitate the language style of your tutor and expert speakers

Weekend Word List

Te hiapai hoki!	How cheeky!
Hāmama	Shout
Koretake	Useless
Rorirori	Idiot / Stupid / Fool
Rawa kore	Poor
Wairangi	In a daze
Ninipa	Unskilled
Pakihawa	Clumsy
Whakatoi	Cheeky
Hoa piripono	Close friend
Pārurenga	Victim
Kare-ā-roto	Emotions
Toromi	Drown
Rāoa	Choke

WEEK FIFTY-THREE
More on expressing feelings

Whakataukī o te wiki
Proverb of the week
Anei tātou nā ko te pō, anā tātou nā he rā ki tua
Here we are in the night, but day is on the way (there is light at the end of the tunnel)

Sometimes the best way to express feelings is via exclamation. Today we are going to learn some sentence structures that are perfect for expressing an emotion, whether it be anger, resentment, pain, sorrow, surprise or sadness. Our first exclamation begins with **te** and ends with **hoki**. The **te** introduces the emotion, the **hoki** emphasises it! So, all you have to think about is which word describing an emotion you are going to place between **te** and **hoki**.

Te ___________ hoki!

HARATAU – PRACTICE
Rāhina – Monday

30-minute challenge

1. Kimihia te whakamārama tika mō ēnei rerenga kōrero. Tuhia he rārangi i te rerenga reo Māori ki tōna hoa reo Pākehā.
1. *Match the sentences on the left to the correct meanings on the right. Draw a line to the correct meaning.*

1. Te māngere hoki!	a. *Absolutely hopeless!*
2. Te hiapai hoki!	b. *How lazy!*
3. Te riri hoki ōna!	c. *Man am I hungry!*
4. Te koretake hoki!	d. *What lack of motivation!*
5. Te pāmamae hoki ō rātou!	e. *Far out, their feelings are really hurt!*
6. Te pūhaehae hoki!	f. *What a damn cheek!*
7. Te mataku hoki!	g. *How nerve-racking!*
8. Te āmaimai hoki!	h. *How jealous!*
9. Te ngākau kore hoki!	i. *How scary!*

10. Te manawarū hoki o te iwi i tō taenga mai!
11. Te mauri tau hoki o te pēpi nā!
12. Te hiakai hoki ōku!

j. *Far out, that child is calm!*
k. *My word, how angry he is!*
l. *How delighted the tribe was at your arrival!*

Rātū – Tuesday

Today we are going to learn another exclamation to express emotions. Our sentence yesterday began with **te** and ended with **hoki**. The **te** introduced the emotion, the **hoki** emphasised it. The word describing an emotion was then placed between **te** and **hoki** to complete the sentence. In our new exclamation sentence today, we are going to start our sentence with the word **tētahi**. This word performs the same function as the **hoki** – it provides the emphasis. We then place the noun after **tētahi**, and then the word describing the emotion or feeling. And that's it! Another three-word sentence to express emotions or feelings.

Tētahi tamaiti pakirara! *What a rude child!*

tētahi + *noun* + *emotion*

30-minute challenge

1. **Tuhia he rerenga kōrero mō ia pikitia. Whakamahia te rerenga o tēnei rā. Kua hoatu te tuatahi.**

1. *Write a sentence for each picture. Use the structure from today. The first one has already been done.*

Tētahi wahine pukuriri!

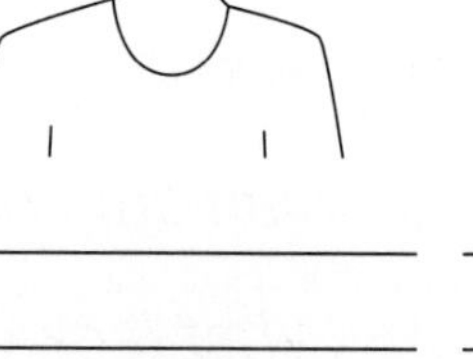

2. **Whakapākehātia ngā rerenga kōrero nei.**

2. *Translate these sentences into English.*

1. Tētahi tangata rorirori!
2. Tētahi wahine whakamau!
3. Tētahi iwi rawa kore!
4. Tētahi whānau wairangi!
5. Tētahi kapa ninipa!
6. Tētahi kōtiro pakihawa!
7. Tētahi manu whakatoi!
8. Tētahi wahine tarau makere!

Rāapa – Wednesday

A very Māori way of expressing feelings and emotions is to use **kīwaha**. As you know, **kīwaha** are colloquialisms that are used and understood by high-level or native speakers of the language. As learners, we have to take the time out to learn these sayings. Today we are going to learn some **kīwaha** to help us to express our emotions and feelings. I have grouped these **kīwaha** under some headings to make the learning process easier . . . this is *Māori Made Easy* after all! We'll also have some fun as we learn!

The first group of **kīwaha** have been grouped under the heading, **Kupu Tautoko** or *Expressing Agreement*. Practise these **kīwaha** and use them when you speak Māori!

30-minute challenge

1. **Kimihia te whakamārama tika mō ēnei rerenga kōrero. Tuhia he rārangi i te rerenga reo Māori ki tōna hoa reo Pākehā.**
1. *Match the sentences on the left to the correct meanings on the right. Draw a line to the correct meaning.*

1. Tautoko!	a. *Absolutely correct!*
2. Hurō!	b. *Excellent!*
3. Ka rawe!	c. *How neat!*
4. Te tika hoki!	d. *Hooray!*
5. Kia ora!	e. *Totally! (I support that)*
6. He tika tāu!	f. *I agree!*
7. Tau kē hoki!	g. *You are quite right!*

This next group of kīwaha have been grouped under the heading, **Mamae me te Pōuritanga**, or *Pain and Sadness*.

2. **Hōmai te *kīwaha* hei whakaea i ēnei tīwhiri.**
2. *Guess the* **kīwaha** *for the feeling being described.*

I wāna nei hoki!
Ka aroha! Āta koia!
Auē!
Kua hē! Kua hē! Taukuri e!

1. Kua pā te rongo kōrero mō te matenga o tētahi hoa piripono, ka puta tēnei tangi, e toru pūreta kei tēnei kupu

___

2. I ētahi wā, e haere takirua ana tēnei kupu me te kupu auē – anei nā tētahi tīwhiri: *year / dog*

___

3. This is wrong, this is wrong!

___

4. Ka aro koe ki te pārurenga, kia pai ai tō tuku i te hā o ō kare-ā-roto ki a ia

   ____

5. So unfortunate for him / her!

   ____

6. Damn!

   ____

And our final group of kīwaha for today have been grouped under the heading, **Kanga** or *Cursing*. I have given literal translations for this group of kīwaha so you can complete the exercise.

Traditionally, Māori were more about insults rather than swearing at someone. Most people will tell you there are no swear words in Māori, just insults! But if I were to give modern-day translations of these **kanga** they would be pretty similar to today's swear words!

3. Kimihia te whakamārama tika mō ēnei rerenga kōrero. Tuhia he rārangi i te rerenga reo Māori ki tōna hoa reo Pākehā.

3. Match the sentences on the left to the correct meanings on the right. Draw a line to the correct meaning.

1. Kai a te kurī!	a. *I'll feed you to the fire!*
2. Tō hamuti!	b. *Shovel my shit!*
3. Tō tero!	c. *Go boil your head!*
4. Pokokōhua!	d. *Head like a black hole!*
5. Pokotiwha!	e. *You remind me of excrement!*
6. Koko tūtae!	f. *Up your arse!*
7. Kai a te ahi!	g. *I'll feed you to my dog!*

Rāpare – Thursday

30-minute challenge

1. **Pānuitia te kōrero e whai ake nei, ka tuhi ai koe i ētahi kupu kare-ā-roto ki te taha o ngā rerenga. Whakamahia ngā kupu, kīwaha, rerenga o ngā wiki e rua nei.**
1. *Go through the following dialogue and write your feelings next to the lines. Use the words, the colloquialisms, the sentences from the past two weeks.*

Kei te maumahara tonu au ki te rā i mate ai taku koroua. I roto au i taku akomanga i

___

te kura. Tekau mā toru pea ōku tau i taua wā. He hoa piripono māua ko taku koroua.

___

I ētahi wā, ka haria au e ia ki te hī ika, ka kōrero mai ia mō te wā e tamariki ana ia. Tino

___

pārekareka ki a au āna kōrero. Te pukukata hoki! He hīanga taku koroua i ngā wā o

___

mua, ā, hei tāna, he maha āna whaiāipo. He wiki, he wahine, he wiki, he wahine, koirā

___

tāna! I tētahi rā, i a māua e hī ika ana, i makere au i te waka ki te wai. I raro au i te wai

___

e toromi ana, kī katoa te waha i te wai, rāoa ana i te kore hā. Kātahi au ka rongo i te

___

ringa o Koro e kukume ana i a au ki runga. Me kore ake koe, Koro! I mate taku kuia,

___

te wahine pūmau a taku koroua, e rua tekau tau ki muri. Kāore a Koro i whai wahine

___

hōu, he kore nōna i pīrangi. I mate taku kuia i te tukinga waka, nō tērā atu kaihautū

___

te hē. Kāore a Koro i pīrangi tūtaki ki a ia. I ētahi wā ka wāwāhi mea ia, he mokemoke

____

nōna ki taku kuia. Inaiānei kua mate a Koro. Ka tino mokemoke au ki a koe, e Koro.

____

Haere ki tō wahine pūmau . . .

____

Rāmere – Friday

30-minute challenge

1. Whakarongo ki te pāhorangi mō tēnei wiki:

1. Listen to this week's podcast at:

www.MaoriMadeEasy2.co.nz

2. Whakaotia tēnei pangakupu.

2. Complete the crossword.

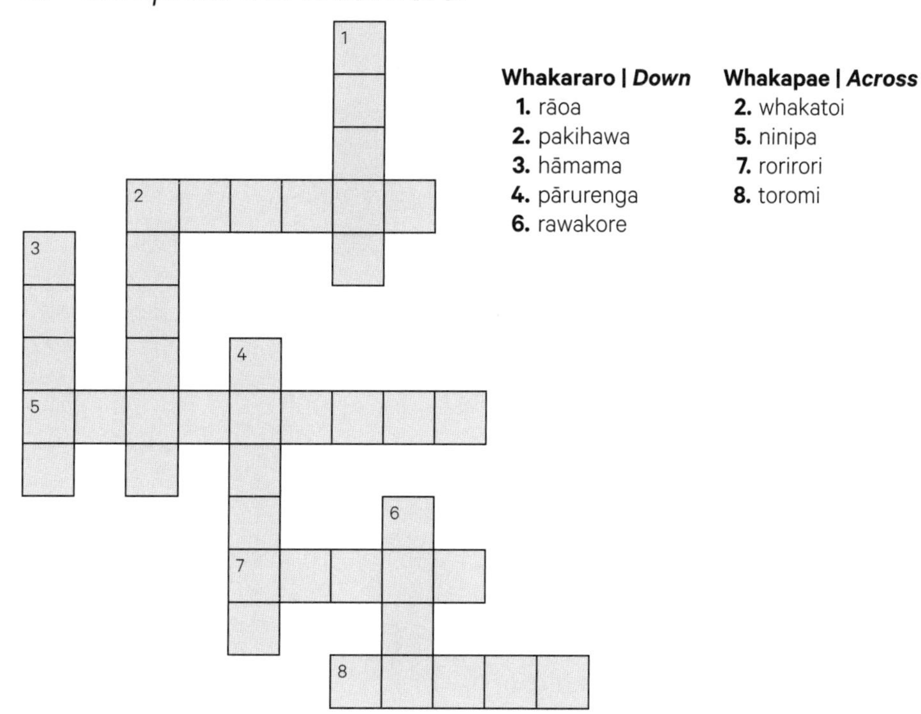

Weekend Word List

Kawititanga	Wrist
Kapukapu	Sole of foot
Takapū	Calf
Rīrapa	Hamstring
Kōmata	Nipple
Takakaha	Shin
Matiwae	Toe
Matimati	Finger
Heke	Thigh
Pīkau	Backpack
Tōkena	Sock
Hārau	Graze (stative)
Tanoi	Sprain (stative)
Haukume	Pull
Tīhae	Torn
Marū	Bruise (stative)
Takoki	Twist (stative)
Whati	Break (stative)

WEEK FIFTY-FOUR
Parts of the body

Whakataukī o te wiki
Proverb of the week
He rangi tā matawhāiti, he rangi tā matawhānui
Narrow vision – restricted opportunities; wide vision – plentiful opportunities

After spending the last two weeks learning how to describe feelings and emotions, you are probably wondering why we have all of sudden jumped to parts of the body. Well, we did mention body language over the past two weeks – bit of a segue there – plus, there are many expressions in te reo Māori that use the parts of the body to describe characteristics and / or feelings about things. For example, the word for *nose* is **ihu**, and if you get called an '**ihu hūpē**' by someone, they are calling you '*snotty nose*', or someone who is yet to learn how to wipe or blow their nose, implying that you are a novice or inexperienced.

Ihu hūpē *Novice / Inexperienced*

Before we delve into more of this, we need to learn the parts of the body.

HARATAU – PRACTICE

Rāhina – Monday

30-minute challenge

1. **Kōwhiria te kupu mō tēna wāhanga, mō tēnā wāhanga o te tinana.**
1. *Select the correct word for each part of the body and write it by the correct line.*

karu	kawititanga	kapukapu	upoko	kakī	korokoro
takapū	rīrapa	kōmata	takakaha	puku	pokohiwi
taringa	waha	ringaringa	matimati	matiwae	arero
paemanu	heke	poho	ringa	tuke	pona
rekereke	ngutu				

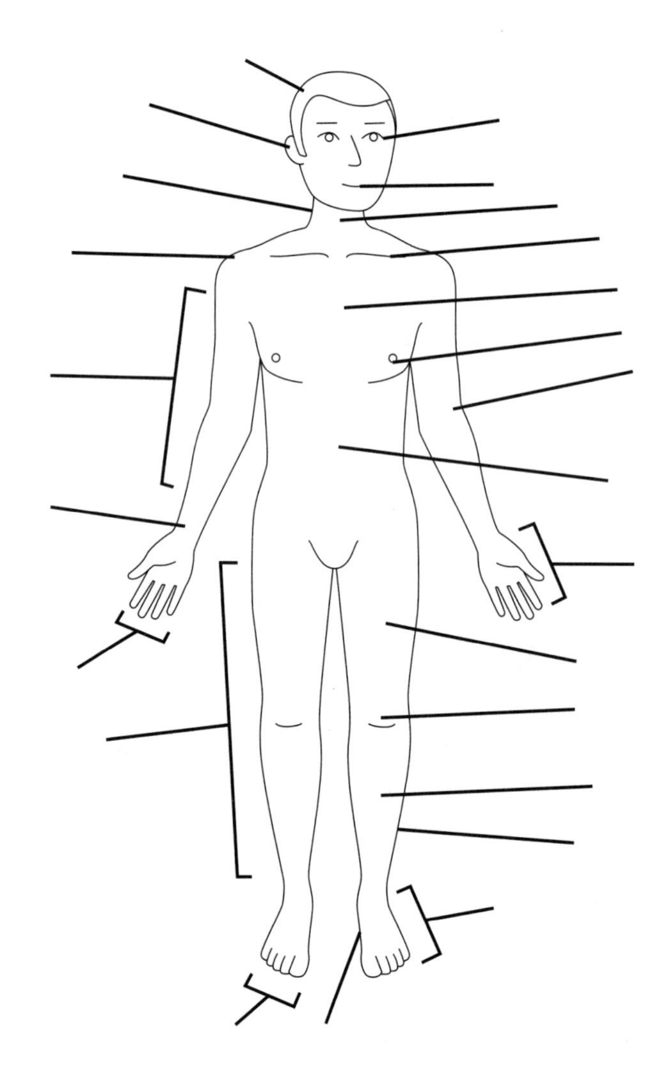

Rātū – Tuesday

Learning the parts of the body yesterday should help you with today's exercise. Practise the metaphors around body parts that you learn today. Just like the kīwaha the previous week, the more you are exposed to te reo Māori speakers, the more you will hear them use this type of language, and the more you will use it too!

30-minute challenge

1. Kimihia te whakamārama tika mō ēnei kupu whakarite mō te tinana. Tuhia he rārangi i te rerenga reo Māori ki tōna hoa reo Pākehā.

1. *Match the metaphors about the body on the left to the correct meanings on the right. Draw a line to the correct meaning.*

1. He karu hōmiromiro ōna!	a. *Don't invite him, he's light fingered! (Thief)*
2. He taringa kōhatu ō koutou!	b. *Your nephew is a loud mouth! (Big mouth)*
3. He upoko mārō tērā tangata!	c. *Be careful of her, she has a forked tongue! (Untrustworthy)*
4. He ihu hūpē koe, e noho!	d. *His legs have trodden the path! (Experienced)*
5. Waea atu ki a Hēmi kia haere mai ki te āwhina, he ihu oneone nōna	e. *She has an eye for detail! (Perceptive)*
6. Kaua e pōwhiri i a ia, he ringa kakama hoki!	f. *Just like the throat of a tūī! (Great singer)*
7. Me he korokoro tūī!	g. *You are a novice, sit down! (Inexperienced)*
8. He ngutu repe!	h. *He is the strong shoulder of the family! (Reliable in times of need)*
9. Koia te pokohiwi kaha o te whānau!	i. *You guys have ears like stone! (Don't listen!)*
10. He waewae kaipakiaka ia!	j. *Ring Hēmi to come and help because he is a hard worker (Industrious)*
11. He waha papā tō irāmutu!	k. *That person over there is hard-headed! (Stubborn)*
12. Kia tūpato ki a ia, he arero rua!	l. *Loose lips! (Gossiper)*

Rāapa – Wednesday

 30-minute challenge

1. Whakatikahia ēnei kupu e nanu ana, kātahi ka whakapākehātia.

1. Unscramble the following words, then translate into English.

1. ruak rioriommhō

   ____

2. utung peer

   ____

3. atakōm

   ____

4. pakupaku

   ____

5. kaūpta

   ____

6. uih pūēh

   ____

7. angaiitkawt

   ____

8. aeiamwt

   ____

9. apenuma

   ____

10. eaweaw iakakpakai

    ____

2. Hōmai te *kīwaha* hei whakaea i ēnei tīwhiri.

*2. Guess the **kīwaha** for the body part being described.*

rīrapa
matiwae korokoro
pokohiwi ngutu
waha

1. Ka heke te kai mā tēnei ki tō puku

   ____

2. Ka herea tō pīkau ki ēnei

   ____

3. Ka mahana ēnei ki rō tōkena

4. Ka puta tō reo i tēnei wāhanga o te tinana

5. Hōmai he kihi

6. Mēnā he tere koe ki te oma, tērā pea ka tīhae koe i tēnei

Rāpare – Thursday

30-minute challenge

1. Whakamahia ngā kupu i ako ai koe i te rārangi kupu o te wiki ki te whakamāori i ēnei rerenga.

1. Use the words from this week's word list to help you translate these sentences.

1. I have broken my clavicle / collarbone
2. She twisted her ankle
3. Mere bruised her calf
4. I am going to tear my hamstring, I can feel it
5. I have a black eye
6. I twisted my knee yesterday
7. He broke his wrist
8. She bruised the sole of her foot
9. Rīhari sprained his elbow
10. I have grazed my knee

Rāmere – Friday

30-minute challenge

1. Whakarongo ki te pāhorangi mō tēnei wiki:

1. Listen to this week's podcast at:

www.MaoriMadeEasy2.co.nz

2. Whakaotia tēnei pangakupu.

2. Complete the crossword.

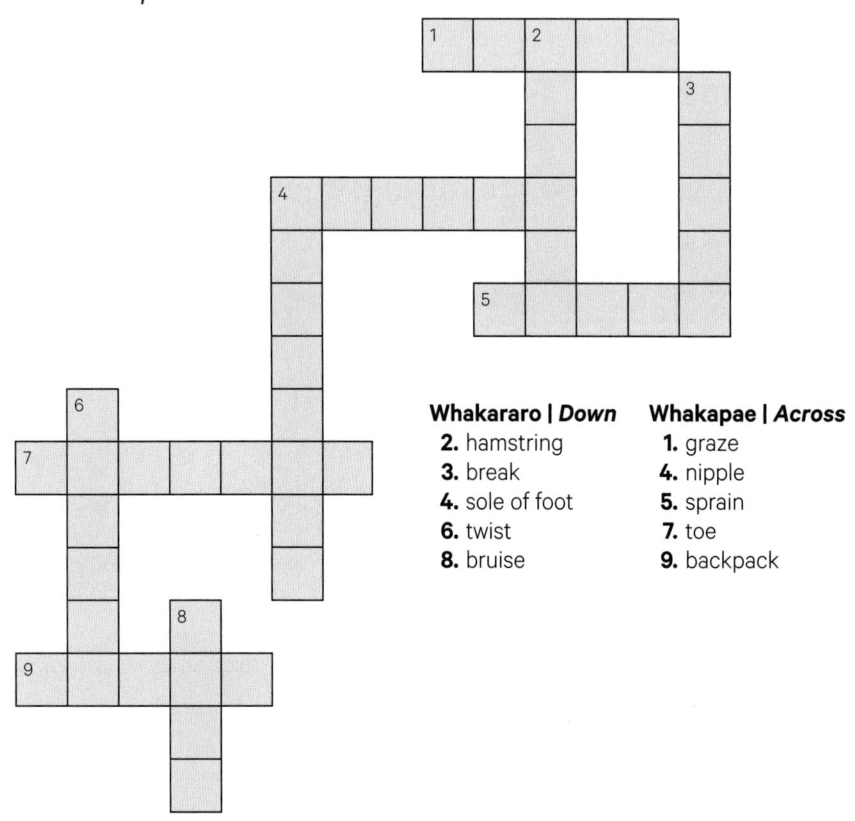

No weekend word list this weekend, e hoa mā, but prepare for next week! It's your fifth revision week. A week designed to test where you are at, and if you are beginning to comprehend sentence structures and understand the language!

WEEK FIFTY-FIVE
Wiki Huritao – Revision week

Whakataukī o te wiki
Proverb of the week
Ko te whare whawhao o Te Aokapurangi
This house is crammed-full like that of Te Aokapurangi (packed to the rafters)

Rāhina – Monday

30-minute challenge

Pānuitia tēnei kōrero kei waenganui i a Mere rāua ko Māka nō te Wiki Rima Tekau Mā Tahi, ka tuhi ai i ō whakautu ki ngā pātai.
Read the dialogue between Mere and Māka from Week Fifty-One, then answer the questions.

Kei te whare inu kawhe a Mere rāua ko Māka.

Mere: He rangi kōmaru tēnei, nē?

Māka: Āe! I te āhua nei ka ua ākuanei.

Mere: I kite koe i te whakatairanga i runga i te pouaka whakaata inapō . . . mō te hangarau hōu o te wā?

Māka: Kāo, he pēhea te āhua?

Mere: He pango, he māeneene, he angiangi, he areare, he maitai. E ai ki ngā kōrero, he tino atamai hoki.

Māka: Mīharo! He aha te utu mō taua mea?

Mere: Kotahi mano tāra.

Ka toro te ringa o Mere ki tana pēke.

Māka: Whoa! Kua hoko kē koe i tētahi?

Mere: Āe rā, i te ata nei. I whakamahi au i te moni, nā taku pāpā i hōmai, mō taku mahi i runga i te pāmu i ngā wiki o te raumati.

Māka: I haere tō karangatahi a Pere ki te pāmu i te raumati nei?

Mere: Āe, i reira ia.

Māka: He pēhea tōna āhua i ēnei rā?

Mere: He roa ngā makawe, he urukehu hoki . . . he pāuaua tonu te hanga, he pāhau tōna ināianei, ā, he poto tonu, kāore anō kia tipu.

Ka kata rāua.

1. He pēhea te āhua o te huarere?

   ____

2. Mō te aha te whakatairanga i runga pouaka whakaata?

   ____

3. He aha te utu?

___

4. Ka hoko a Mere i tētahi?

___

5. He pēhea te āhua o Pere i ēnei rā?

___

6. Ko tēhea te whakapākehātanga tika mō, 'Miharo!'
   a. spectacular
   b. spectacles
   c. sceptical
7. He aha te kupu Pākehā mō 'māeneene'?

___

8. Nā wai te moni i hoatu ki a Mere, he aha ai?

___

9. I kite a Māka i te whakatairanga?

___

10. Ko Pere hei aha ki a Mere?

___

11. Inahea te whakatairanga?

___

12. Ka ua ākuanei?

___

Rātū – Tuesday

30-minute challenge

Pānuitia tēnei kōrero, ka whakautu ai i ngā pātai.

Read the dialogue, then answer the questions.

I ētahi wā, ka haria au e ia ki te hī ika, ka kōrero mai ia mō te wā e tamariki ana ia. Tino pārekareka ki a au āna kōrero. Te pukukata hoki! He hīanga taku koroua i ngā wā o mua, ā, hei tāna, he maha āna whaiāipo. He wiki, he wahine, he wiki, he wahine, koirā tāna! I tētahi rā, i a māua e hī ika ana, i makere au i te waka ki te wai. I raro au i te wai e toromi ana, kī katoa te waha i te wai, rāoa ana i te kore hā. Kātahi au ka rongo i te ringa o Koro e kukume ana i a au ki runga. Me kore ake koe, e Koro! I mate taku kuia, te wahine pūmau a taku koroua, e rua tekau tau ki muri. Kāore a Koro i whai wahine hōu, he kore nōna i pīrangi. I mate taku kuia i te tukinga waka, nō tērā atu kaihautū te hē. Kāore a Koro i pīrangi tūtaki ki a ia. I ētahi wā ka wāwāhi mea ia, he tino mokemoke nōna ki taku kuia. Inaiānei kua mate a Koro. Ka tino mokemoke au ki a koe, e Koro. Haere ki tō wahine pūmau . . .

1. Kei te ora tonu te koroua o te kaituhi?

   ____

2. Tuhia ngā kupu kei te ngaro, 'Me ____________ ____________ koe, ____________'!

3. Ka haria te kaituhi e wai ki te hī ika?

   ____

4. Nōnāhea te kuia o te kaituhi i mate ai?

   ____

5. I whai wahine hōu te koroua o te kaituhi?

   ____

6. Ko tēhea te whakapākehātanga tika mō, 'rāoa ana i te kore hā!'
   a. joking with no breath!
   b. choking with no flavour!
   c. choking from no air!

7. He aha te kupu Pākehā mō 'toromi'?

   ____

8. He aha te kupu Pākehā mō 'hīanga'?

   ____

9. Nō wai te hē mō te tukinga waka?

   ____

10. Whakapākehātia tēnei kōrero: 'I ētahi wā, ka wāwāhi mea ia, he mokemoke nōna ki taku kuia.'

    ____

Rāapa – Wednesday

30-minute challenge

Pānuitia tēnei kōrero kei waenganui i a Atawhai me Anaru, ka tuhi ai i ō whakautu ki ngā pātai.

Read the dialogue between Atawhai and Anaru, then answer the questions.

Kupu āwhina:

tangiweto – *crybaby*
pōtae mārō – *helmet*
horokukū – *reluctant*

Kei waho a Anaru e tangi ana.

Atawhai: Auē taukuri e, Anaru! He aha te mate?

Anaru: I taka au i taku pahikara, kua hārau tōku pona.

Atawhai: Taihoa! Māku a Māmā e tiki!

Anaru: Kāo, kaua! Ka kōhete ia i a au mō te kore mau pōtae mārō!

Atawhai: Tētahi tamaiti taringa kōhatu! I kī a Māmā, me mau pōtae mārō i ngā wā katoa! Heoi anō rā, e kaha ana koe ki te tū?

Anaru: Āe.

Ka ngana a Anaru ki te tū, kātahi ka hinga anō ki te papa.

Anaru: Pokokōhua! Te mamae hoki!

Atawhai: I te āhua nei kua whati hoki i a koe tō raparapa. Auē, titiro ki te marū e hua ake ana!

Anaru: Āwhina mai i a au ki te tū ake me te hoki ki roto.

Atawhai: Me haere kē koe ki te hōhipera!

Anaru: Tautoko! Heoi anō, āwhina mai i a au . . .

Ka kukume a Atawhai i tōna ringa.

Anaru: Owww!

Atawhai: Tētahi tamaiti tangiweto! I te āhua nei kua tanoi hoki i a koe tō kawititanga! Ka aroha koe, e hoa, i wāu nei hoki!

1. Kua ahatia te pona o Anaru?

   ____

2. I aha ia?

   ____

3. He aha tana horokukū kia tika a Atawhai i a Māmā?

   ____

4. Tuhia ngā kupu kei te ngaro: 'Kua __________ hoki _____ a ______________________.'

5. He aha te kupu kanga a Anaru?

   ____

6. Meka (*true*) / Teka (*false*) rānei: E kaha ana a Anaru ki te tū?

   ____

7. Kua tanoi hoki te aha?

   ____

8. He aha te kupu Pākehā mō 'taringa kōhatu'?

   ____

9. Me haere a Anaru ki hea?

   ____

10. Whakapākehātia ēnei rerenga:
    a. ka aroha koe = ______________________
    b. i wāu nei hoki = ______________________
    c. tētahi tamaiti tangiweto! = ______________________

Rāpare – Thursday

30-minute challenge

1. Kimihia ngā kupu.

1. Find the words.

R	T	I	K	L	Y	Q	I	J	N	E	H	W	U	K
C	A	A	G	N	E	R	U	R	A	P	A	A	P	U
L	K	J	K	F	N	N	A	W	L	E	K	Z	A	Q
I	O	I	S	O	I	O	I	H	K	I	A	C	K	C
T	K	W	O	N	M	T	V	A	P	A	O	B	U	X
A	I	R	I	N	A	A	I	I	H	U	H	U	P	E
H	U	P	A	M	A	P	T	O	R	E	R	A	A	G
W	A	H	T	O	A	T	F	A	N	I	A	B	K	G
T	Z	Q	O	K	A	H	J	E	E	U	A	F	M	Q
H	E	H	I	K	J	Y	C	H	J	A	U	U	K	P
A	I	A	G	T	O	T	X	Q	O	R	B	M	Q	G
L	K	H	O	N	P	K	Z	A	Q	B	T	U	H	J
A	G	F	R	W	C	R	O	K	J	M	A	R	U	P
S	C	B	O	B	R	W	R	P	Y	I	C	X	Y	O
X	D	R	P	O	D	Y	W	O	X	J	U	J	X	S

ARERO	IHUHŪPĒ	KAPUKAPU
KŌMATA	MARŪ	MATIWAE
NINIPA	PĀRURENGA	PĪKAU
POKOKŌHUA	RĀOA	TAKOKI
TANOI	WAEKAIPAKIAKA	WHATI

2. Ināianei, kōwhiria kia ono o ēnei kupu hei whakauru māu ki ētahi rerenga, ka rite tonu te whakamahia e koe.

2. Now, choose six of these words and create a sentence for each word. Try to create a sentence you think you will use regularly.

1. ______________________________
2. ______________________________
3. ______________________________
4. ______________________________
5. ______________________________
6. ______________________________

Rāmere – Friday

30-minute challenge

1. Whakarongo ki te pāhorangi mō tēnei wiki, he momo whakamātautau whakarongo kei reira.

1. Listen to this week's podcast, a listening test has been prepared for you.

www.MaoriMadeEasy2.co.nz

Weekend Word List

Whiu upoko / Upoko ānini	Headache
Kirikā	Fever
Mate Tikotiko	Diarrhoea
Tākaikai / Piriora	Band-aid / Plaster
Takai	Bandage
Ruaki	Vomit
Niho tunga	Toothache
Ngau puku	Stomach ache
Maremare	Cough
Ihu hūpē	Runny nose
Pōātinitini	Dizzy
Tūroro	Patient
Ero	Pus
Mariao	Pimple
Mahu	Healed
Pāpaka	Scab
Pupuhi	Swollen
Pirau	Infected
Mangeo	Itchy
Hīwiniwini	Aching

WEEK FIFTY-SIX
Ailments

Whakataukī o te wiki
Proverb of the week
Tukua ki tua, ki ngā rā o te waru
Save it for the future, for times of scarcity

One thing that's almost guaranteed is that sooner or later we will get sick. So it's important to have a reasonably extensive vocabulary to use when talking about ailments and remedies.

HARATAU – PRACTICE

Rāhina – Monday

30-minute challenge

1. Whakapākehātia ēnei rerenga kōrero.
1. Translate into English.

1. Auē, kei te hūpē taku ihu

 ____

2. Auē, kei te mamae ōku karu

 ____

3. Auē, kei te mamae ōku taringa

 ____

4. Auē, kei te ānini taku rae

 ____

5. Auē, kei te māngeongeo ōku makawe

 ____

6. Auē, kei te ngau tōku puku

 ____

7. Auē, kei te hīwiniwini ōku waewae

 ____

8. Auē, kei te pirau te pāpaka

 ____

9. Auē, kua pā mai te kirikā

 ____

10. Auē, kei te whakapae ruaki au

 ____

Rātū – Tuesday

30-minute challenge

1. Kōwhiria te kupu tika mō ia wāhanga o te tinana.

1. Choose the correct ailment that affects these parts of the body.

niho tunga   āninitanga   ngau puku
ataruatanga   maremare
hūpētanga   pāpaka

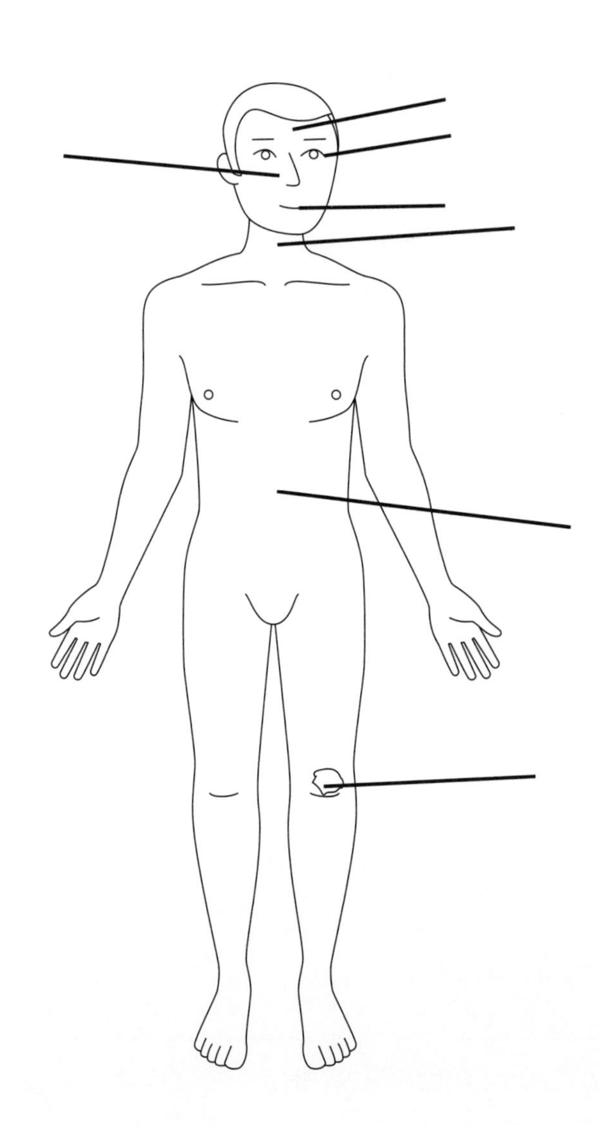

2. Kimihia te whakamārama tika mō ēnei māuiuitanga o te tinana. Tuhia he rārangi i te rerenga reo Māori ki tōna hoa reo Pākehā.

2. Match the ailments on the left to the correct meanings on the right. Draw a line to the correct meaning.

1. Ko te rewharewha pea	a. *Who is this cough medicine for?*
2. Mō wai te rongoā maremare nei?	b. *Who does this throat remedy belong to?*
3. Nō wai tēnei rongoā korokoro mamae?	c. *I have a toothache*
4. He kirieke kei ō kūhā	d. *It looks like the flu*
5. He mate niho tunga tōku	e. *You have a bad fever*
6. He kino taku kirikā	f. *You have a rash in your groin*

Rāapa – Wednesday

30-minute challenge

1. Whakatikahia ēnei kupu e nanu ana, kātahi ka whakapākehātia.

1. Unscramble the following words, then translate to English.

1. rrooūt

____

2. reo

____

3. ihpuup

____

4. maeong

____

5. remarema

____

6. kaita

____

7. aurik

____

8. ākirik

____

9. tinipōātini

____

10. unga uukp

____

2. Kimihia te whakamārama tika mō ēnei māuiuitanga o te tinana. Tuhia he rārangi i te rerenga reo Māori ki tōna hoa reo Pākehā.

2. Match the ailments on the left to the correct meanings on the right. Draw a line to the correct meaning.

1. I hea te kete ohotata?	*a. Where is the chemist?*
2. Me whakatā koe ināianei	*b. The medicines are in the cupboard in the bathroom*
3. Me kai koe i tō rongoā	*c. Where was the first-aid kit?*
4. Kei hea te whare rongoā?	*d. Better go to the doctor*
5. Me haere ki te tākuta	*e. Get some rest now*
6. Kei roto ngā rongoā i te whata o te kauranga	*f. You must take your medicine*

Rāpare – Thursday

30-minute challenge

1. Whakamāoritia ēnei rerenga kōrero.

1. Translate these sentences into Māori.

Kupu āwhina:

tohutohu – *instructions*
arokore – *ignore*
hōrapa – *spread*

1. Don't ignore the doctor's instructions

____

2. Don't forget to take your medicine

____

3. Don't wake up early, sleep in

____

4. Be careful or you'll get the same thing (sickness) he / she has

____

5. Be careful or you will spill the medicine

____

6. Be careful, the flu is going around

____

7. Be steadfast, deal to this sickness!

____

8. Drink lots of water!

____

9. You will feel better tomorrow

____

10. The medicine will 'kick in' soon

____

Rāmere – Friday

30-minute challenge

1. Whakarongo ki te pāhorangi mō tēnei wiki:

1. Listen to this week's podcast at:

www.MaoriMadeEasy2.co.nz

2. Ko koe te tākuta. Koinei ō pātai ki ō tūroro, me ā rātou whakautu. Kōwhiria te rongoā tika mō ēnei māuiuitanga.

2. You are the doctor. These are your Q and A's with your patients. Choose the correct remedy for their ailments.

<table>
<tr><td colspan="3">Me whēngu tō ihu</td><td colspan="3">Me hoko rongoā taringa</td></tr>
<tr><td colspan="3">Me mirimiri tō hoa i tō tinana</td><td colspan="3">Me hoko patu kutu</td></tr>
<tr><td colspan="2">Me turuturu rongoā karu ki roto</td><td colspan="2">Me whakatā</td><td colspan="2">Me kimi rongoā e tau ai tō puku</td></tr>
</table>

Pātai – Tākuta	Whakautu – Tūroro	Pātai – Tūroro	Rongoā – Tākuta
Kei te hūpē tō ihu?	Āe	Me aha au?	
Kei te mamae ō karu?	Āe	Me aha au?	
Kei te mamae ō taringa?	Āe	Me aha au?	
Kei te ānini tō rae?	Āe	Me aha au?	
Kei te māngeongeo ō makawe?	Āe	Me aha au?	
Kei te ngau tō puku?	Āe	Me aha au?	
Kei te hīwiniwini tō tinana?	Āe	Me aha au?	

Weekend Word List

Tōmato	Tomato
Rengakura	Beetroot
Roi huamata	Coleslaw
Ranu	Sauce
Kīnaki	Garnish / Complement
Kakukaku	Crunchy (of food)
Mōwhakiwhaki	Brittle
Kiko	Flesh
Pakapaka	Baked hard
Pakē	Crispy
Kōmāmā	Light (food – not heavy to digest)
Whakatiki	Diet (when talking about food)
Kōpūtoitoi	Moist (of food)
Nakunaku	Falling off the bone
Whēua	Bone

WEEK FIFTY-SEVEN
Talking about food

Whakataukī o te wiki
Proverb of the week
Tohaina ō painga ki te ao
Share your skills with the world

He Tauira Kōrero
Kei te noho a Mere rāua ko Māka ki te kai.

Mere: He aha māu, e Māka?

Māka: Ka mahi hanawiti au ki te tōmato, te rengakura, te roi huamata me te heihei.

Mere: Anei rā ngā momo ranu hei kīnaki i tō hanawiti.

Māka: Tēnā koe! Hōmai te kiri o te heihei, he pai ki a au te kakukakutanga o te kiri.

Mere: Kāore pea i tino tika te maoatanga o te heihei nei, e mōwhakiwhaki ana ētahi wāhanga o te kiko, he pakapaka ētahi wāhanga, i hoko i hea?

Māka: I te hokomaha tonu.

Ka ngau a Mere i tētahi o ngā āporo.

Māka: Kei te pēhea ngā āporo, he pai?

Mere: Pakē ana, e hoa, he reka!

Māka: Mā te aha i tēnā! I hoko keke hoki au hei tōwhiro mā tāua.

Mere: Koia kei a koe! Te tūmanako kia āhua kōmāmā te keke nei, kei te whakatiki au.

Māka: Kia kōpūtoitoi hoki, kāore au i te rata ki te keke maroke.

Mere: Hā, hā! Mō te tātā kai, kāore he painga i a tāua, Māka.

Māka: He tika tāu. Tēnā, hōmai te waewae o te heihei rā, e nakunaku ana te kiko i reira.

Mere: Anei rā, kia pai te kai! Mauri ora!

Sharing a meal is a great time to use te reo Māori. It is also a frequent, daily activity, so it's pragmatic to know how to hold a conversation in that context. By now, you should have a variety of sentences at your disposal to be able to maintain a basic conversation at the kai table. Over the course of this week, we are going to add to your vocabulary to ensure you get better and better at talking about food!

First and foremost, get into the habit of saying grace – if not for spiritual reasons, do it for reo practice reasons!

Karakia whakapai kai:	**Grace:**
Nau mai, e ngā hua o Papatūānuku o Ranginui kete kai	*I welcome the gifts of food* *provided by the earth mother* *and the sky father, bearer of food baskets*
Whītiki kia ora! Haumi ē, hui e tāiki ē!	*Gifts bound together to sustain all of us!* *United and connected as one!*

HARATAU – PRACTICE

Rāhina – Monday

30-minute challenge

1. **Kimihia te whakamārama tika mō ēnei rerenga kōrero. Tuhia he rārangi i te rerenga reo Māori ki tōna hoa reo Pākehā.**

1. Match the sentences on the left to the correct meanings on the right. Draw a line to the correct meaning.

1. Ka mahi hanawiti au ki te tōmato, te rengakura	*a. Here is some sauce to complement (the dish)*
2. Ka mahi hanawiti au ki te roi huamata me te heihei	*b. I am on a diet*
3. Anei rā he ranu hei kīnaki	*c. Hopefully this is not a heavy (texture) cake*
4. E nakunaku ana te kiko	*d. I'll make a sandwich with tomato and beetroot*
5. Kia kōpūtoitoi hoki, kāore au i te rata ki te keke maroke	*e. This food has been baked hard / burnt*
6. Te tūmanako, kia āhua kōmāmā te keke nei	*f. This apple is really crispy!*
7. Kei te whakatiki au	*g. The meat is just falling off the bone*
8. Kāore pea i tino tika te maoatanga	*h. Make sure it's moist too! I don't like dry cakes*
9. E mōwhakiwhaki ana ētahi wāhanga o te kiko	*i. I'll make a sandwich with coleslaw and chicken*
10. He pakapaka te kai nei	*j. Do you want some of this (of what I am having)?*
11. Te pakē hoki o te āporo nei!	*k. Maybe it wasn't cooked properly*
12. He pēnei māu?	*l. Some of the flesh is brittle*

Rātū – Tuesday

30-minute challenge

You are going to do a practical activity today – some baking! Study the *kupu āwhina*, then off you go. I have put the translation in the answer section but try not to look unless you absolutely have to. Following the instructions and preparation time should take you about 30 minutes, so that part is your 30-minute challenge! The cooking part can be done when you are ready.

Kupu āwhina:

roroa – *courgette*
heahea te tapahi – *roughly chopped*
hinu kokonati – *coconut oil*
kua rewa – *melted*
peru penupenu – *ground almonds*
here kore – *free range*
kōkō – *cocoa*
pēkana paura – *baking powder*
whakahinuhinu – *grease*
pae kōmeke – *cupcake tray*
tāwhirowhiro – *blender*
kūrarirari – *sloppy*
ranunga – *mixture*
whakanikoniko – *decorate*

Roroa Tiakarete

Ngā whakauru

Kia rua kapu roroa kua heahea te tapatapahia
Kia haurua kapu hinu kokonati, kua rewa
Kia rua kapu peru penupenu
Kia kotahi kapu huka kokonati
Kia whā hēki here kore
Kia kotahi kapu kōkō
Kia kotahi me te haurua kokoiti pēkana paura

Ngā tohutohu

1. Whakamahanatia te umu kia 160°C te pāmahana.
2. Whakahinuhinuhia ngā pae kōmeke, ipu keke kotahi rānei.
3. Tukua ngā whakauru katoa ki te tāwhirowhiro, ka tāwhirowhirotia ai kia kūrarirari rā anō.

4. Riringihia te ranunga ki ngā pae kōmeke, ki te ipu keke rānei.
5. Tunua ki te umu mō te 30–40 meneti.
6. Waiho kia mātao, kātahi ka whakanikonikohia.

Rāapa – Wednesday

You're likely to ask or get asked 'How many?' or 'How much?' a lot when cooking or sitting down to eat with others, or even at the supermarket, so here's an important phrase to lock in – **Kia hia**.

Kia hia ngā hēki (māu)?	*How many eggs (do you want)?*
Kia hia ngā kokoiti huka?	*How many teaspoons of sugar?*
Kia kotahi te rīwai (māku).	*(I will have) 1 potato please.*
Kia rua ngā paukena (māu)?	*(Do you want) 2 pumpkins?*
Pūnaunau!	*I'm full!*

For this exercise we are going to focus on vegetables. Keep an eye on your pronouns, too, when answering these questions.

rīwai – potato rētihi – lettuce
kīkini – green pepper pīni – bean
pītau pīni – green bean kānga – corn
kūmara – sweet potato kāroti / uhikaramea – carrot
kamoriki – gherkin riki – onion
nīko – cabbage korare – silverbeet
rengakura – beetroot aonanī – brussel sprout
uhikura – radish hirikakā – chilli
huamata – salad roi huamata – coleslaw

30-minute challenge

1. Whakautua ngā pātai mō ia whakaahua.

1. Answer the questions about each picture.

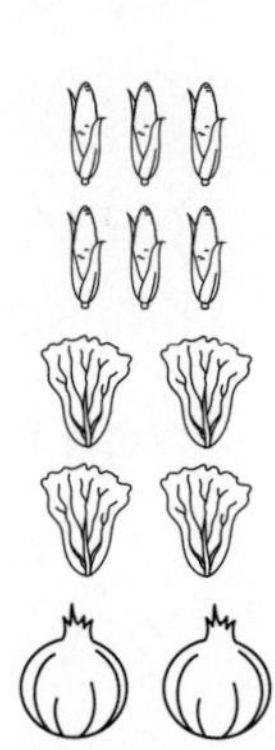

1. Kia hia ngā kānga mā koutou?
   Kia ono ngā kānga **mā mātou**
2. Kia hia ngā rau rētihi mā kōrua?
   ____
3. Kia hia ngā riki māu?
   ____

4. Kia hia ngā niko māu?

____

5. Kia hia ngā korare mā tāua?

____

6. Kia hia ngā puananī mā tātou?

____

7. Kia hia ngā rengakura mā te whānau?

____

8. Kia hia ngā hirikakā mā rāua?

____

9. Kia hia ngā kamoriki mā rātou?

____

10. Kia hia ngā kāroti māu?

____

2. Hōmai te kupu hei whakaea i ēnei tīwhiri.

2. Guess the word for the sensation being described.

kakukaku
pakapaka pakē pūioio
nakunaku kōpūtoitoi

1. Koinei te āhua mēnā rā ka wera i a koe te kai

____

2. He mīti tino uaua nei te tīhaehae ki te niho

____

3. Anō nei e makere noa mai ana i te whēua

____

4. Ka ngau te āporo, ka rongo koe i tēnei, mēnā rā he āporo pai

____

5. He tiakarete, he kōura te mōkihi

____

Rāpare – Thursday

In today's exercises we are going to focus on fruit.

tarata – lemon
huakiwi – kiwifruit
rōpere – strawberry
rāhipere – raspberry
pītiti – peach
āporo – apple
patatini kuihi – gooseberry
tūrutu – blueberry
kerepe – grape
maika – banana
ārani – orange
pea – pear

30-minute challenge

1. Whakamāoritia ēnei rerenga kōrero. Whakamahia te kupu *hōmai* ki te tīmatanga.

1. Translate these sentences into Māori. Use the word ***hōmai*** *or 'give (to me)' at the start of each sentence.*

1. I will have 2 apples
   Hōmai kia rua ngā āporo māku
   ____
2. We (2) will have a dozen lemons
   ____
3. I will have 10 grapes
   ____
4. They (2) will have 6 bananas
   ____
5. I will have 1 orange
   ____
6. I will have 2 kiwifruit
   ____
7. We (7) will have 7 peaches
   ____
8. I will have 15 strawberries
   ____
9. I will have 1 raspberry
   ____
10. I will have a box of fruit, half gooseberries, half blueberries
    ____

2. Hōmai te kupu hei whakaea i ēnei tīwhiri.

2. Guess the word for the object being described.

tēpu	ranu
umu	pūhā
ngaruiti	māripi

1. Koinei te taputapu hei tunu i ō kai

____

2. Koinei te taputapu hei whakamahana i ō kai

____

3. Koinei te taputapu hei tapahi i ō kai

____

4. Koinei te taputapu e noho nei ō kai ki runga

____

5. Koinei te kīnaki mō ō kai

____

Rāmere – Friday

30-minute challenge

1. Whakarongo ki te pāhorangi mō tēnei wiki:

1. Listen to this week's podcast at:

www.MaoriMadeEasy2.co.nz

2. Whakaotia tēnei pangakupu.

2. Complete the crossword.

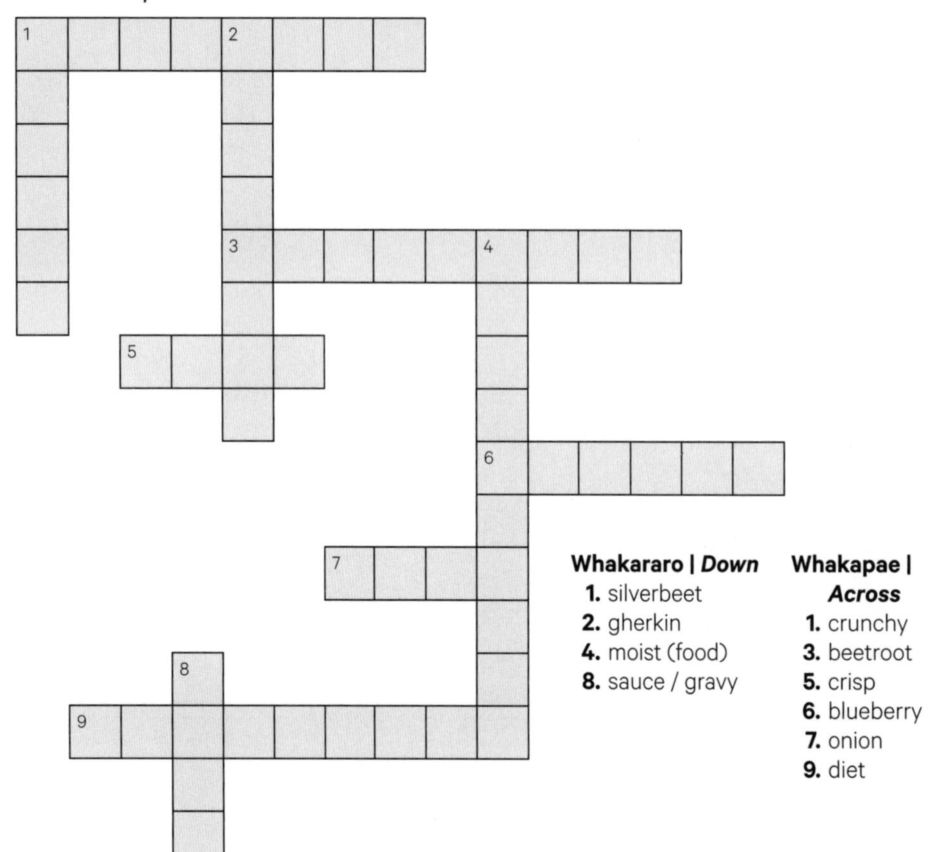

Whakararo | *Down*

1. silverbeet
2. gherkin
4. moist (food)
8. sauce / gravy

Whakapae | *Across*

1. crunchy
3. beetroot
5. crisp
6. blueberry
7. onion
9. diet

Weekend Word List

Huarahi	Road
Ngōki	Crawl
Huri	Turn
Matau	Right
Mauī	Left
Tōtika	Straight
Haere	Go
Koki	Corner
Tū	Stop
Tuku	Give way
Arahanga	Bridge
Whakawhiti	Cross over
Huarahi matua	Motorway
Kiromita	Kilometre
Tawhiti	Distance

WEEK FIFTY-EIGHT
Asking for and giving directions

Whakataukī o te wiki
Proverb of the week
He ua ki te pō, he paewai ki te ao
Rain at night, eels in the day (optimism)

He Tauira Kōrero
Kei te hautū haere a Mere rāua ko Māka ki roto o Tāmaki.

Māka: Te hōhā hoki o tēnei tāone! He maha rawa ngā waka! Ngōki ki hea, ngōki ki hea, tētahi tāone pokokōhua!
Mere: Kia mauri tau koe, Māka. Mōhio tonu koe, he take nui i haere mai ai tāua ki konei, ko te huritau o tō tāua tino hoa, o Maiana.
Māka: He tika tāu. He aha ngā tohutohu a Matua Kūkara e tae ai tāua ki te whare o Maiana?
Mere: Kei Papakura tāua ināianei . . . hei tāna, me haere tonu mā te huarahi matua, me whakawhiti i te arahanga nui o Tāmaki, kia tae atu ki Takapuna, me wehe i te huarahi matua. Huri matau i ngā pou rama tuatahi. Haere tōtika ki te huarahi o Moana. Kātahi ka huri mauī, ka haere tonu mō te kotahi kiromita. Kātahi ka huri matau, ā, koirā te huarahi kei reira te whare o Maiana.
Māka: Pēhea te tawhiti i konei ki korā?
Mere: Rua tekau mā rima kiromita pea.
Māka: E hia te roa kia tae atu?
Mere: Kei te āhua o ngā pokokōhua huarahi nei, engari i tōna tikanga, e rua tekau meneti.
Māka: Ki ō whakaaro, i tika tā tāua haere mai mā Tauranga? Ka mahue rānei te haere mā Rotorua, he tere ake hoki?
Mere: I pai tonu te haere mā Tauranga. Kotahi rau kiromita te tawhiti i reira ki Tāmaki, kotahi rau kiromita hoki te tawhiti i Rotorua ki Tāmaki, nō reira, ehara i te aha.

Giving directions while travelling in a car is, believe it or not, a fun thing to do. It is quite challenging, unless you've had a bit of practice at it and have learnt the basic vocabulary you need. So, with that in mind, let's practise! You will find that you will frequently start your sentence with **Me**. Some people will tell you that this is a mild form of command, issued in a very polite way, however, that all depends on the tone of voice! When using **Me** you are suggesting that something should be done, or an action should happen.

Me haere tōtika	*Go straight*
Me huri matau	*Turn right*
Me huri mauī	*Turn left*

The question form of a **Me** sentence for directions will look like this:

Me haere ki hea?	*Where shall I go?*
Me ahu ki hea?	*Which direction shall I go?*
Me huri ki hea?	*Where shall I turn?*

A very important thing to remember when using **Me** is to never ever make the verb that follows it passive: *me kōrerotia* or *me tangohia* are grammatically incorrect and big mistakes!

HARATAU – PRACTICE

Rāhina – Monday

30-minute challenge

1. **Tirohia te mahere nei, ka tohutohu i tō hoa kia tae ki te whare karakia. Tuhia ō tohutohu. Kia neke atu i te toru tohutohu.**
1. *Look at the map and give your friend directions to get to the church. Write down your directions. Give at least three directions.*

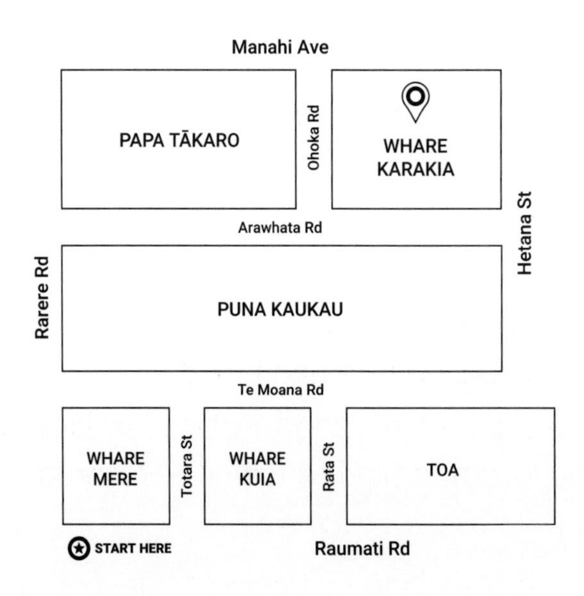

1. ______________________________
2. ______________________________
3. ______________________________
4. ______________________________
5. ______________________________

2. Tirohia te mahere nei, ka tohutohu i tō hoa kia tae ki te kura. Tuhia ō tohutohu. Kia neke atu i te toru tohutohu.

2. Look at the map and give your friend directions to get to the school. Write down your directions. Give at least three directions.

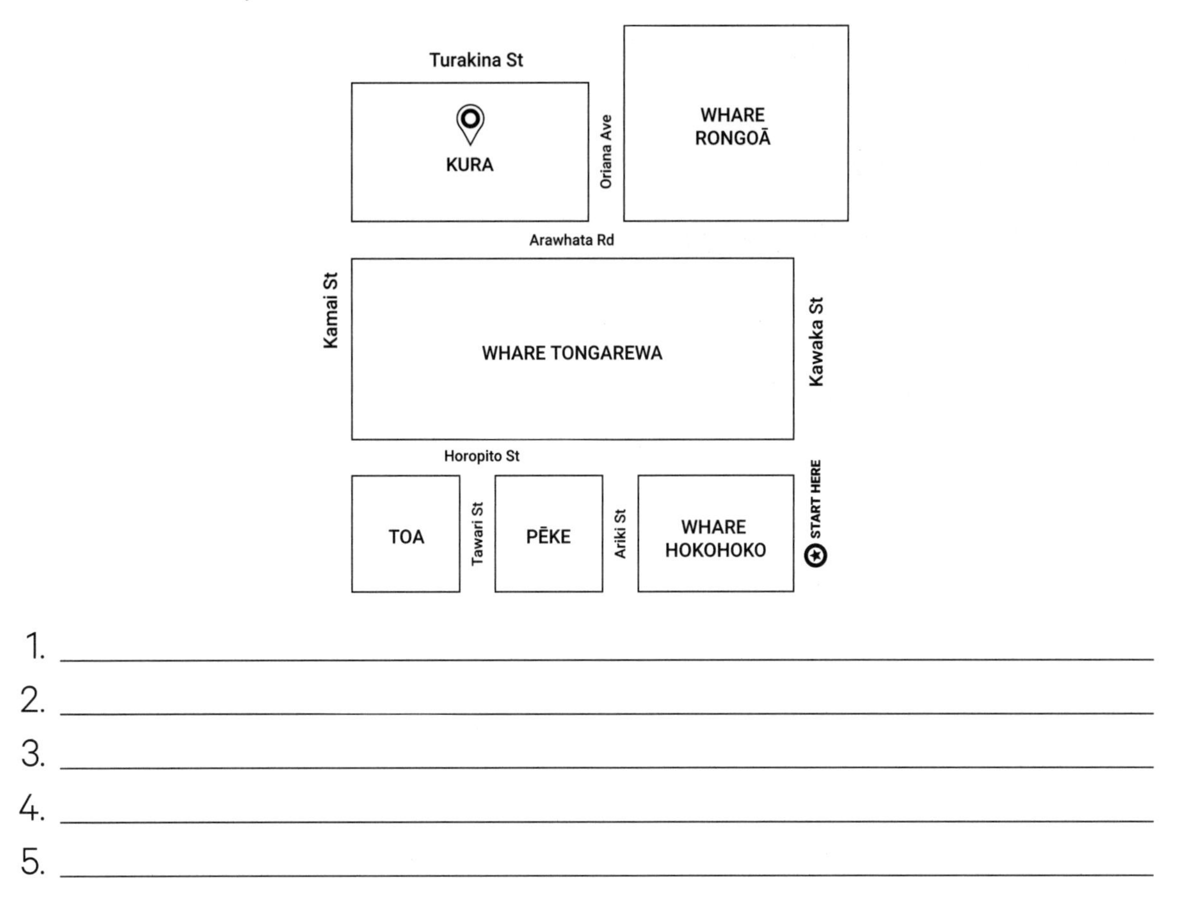

1. ______________________________
2. ______________________________
3. ______________________________
4. ______________________________
5. ______________________________

3. Tirohia te mahere nei, ka tohutohu i tō hoa kia tae ki te whare wānanga. Tuhia ō tohutohu. Kia neke atu i te toru tohutohu.

3. Look at the map and give your friend directions to get to the university. Write down your directions. Give at least three directions.

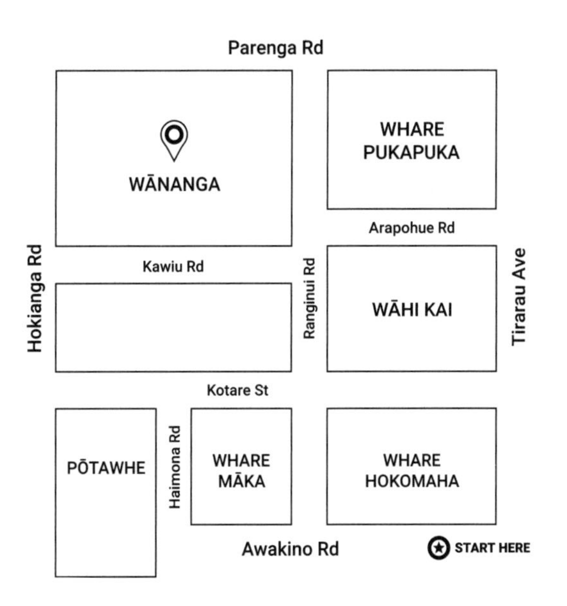

1. ______________________________
2. ______________________________
3. ______________________________
4. ______________________________
5. ______________________________

Rātū – Tuesday

30-minute challenge

1. Tuhia he whakaahua o ēnei tohutohu.

1. Draw pictures of these directions.

1. Me puta koe i tō whare	2. Tukatukahia tō waka	3. Me huri matau
4. Me hipa i te kura	5. Me piki i te puke	6. Me tū ki ngā pou rama
7. Me huri mauī i te koki	8. Me haere tōtika	9. Me hipa i te whare kararehe
10. Me whakawhiti i te arahanga	11. Me huri mauī	12. Ko tōku whare te nama 40

2. Tuhia he whakaahua o ēnei tohutohu.

2. Draw pictures of these directions.

Kupu āwhina: **rewarangi – *pedestrian crossing***
pūtake – *base of hill or mountain*

1. Me puta koe i te kura	2. Me piki koe i tō pahikara	3. Me huri mauī
4. Me hipa i te toa	5. Me heke i te puke	6. Me huri matau i te pūtake
7. Me whakawhiti i te rewarangi	8. Me haere tōtika mō te rua kiromita	9. Me huri mauī i ngā pou rama
10. Me whakawhiti i te arahanga	11. Me huri matau	12. Koinei te huarahi o Moananui

Rāapa – Wednesday

30-minute challenge

1. **Whakapākehātia te wāhanga tuatahi o te kōrero i waenganui i a Mere rāua ko Māka.**
1. *Translate into English, the first part of the dialogue between Mere and Māka.*

Kei te hautū haere a Mere rāua ko Māka ki roto o Tāmaki.

____

Māka: Te hōhā hoki o tēnei tāone! He maha rawa ngā waka! Ngōki ki hea, ngōki ki hea, tētahi tāone pokokōhua!

____

____

Mere: Kia mauri tau koe, Māka. Mōhio tonu koe, he take nui i haere mai ai tāua ki konei, ko te huritau o tō tāua tino hoa, o Maiana.

____

____

Māka: He tika tāu. He aha ngā tohutohu a Matua Kūkara e tae ai tāua ki te whare o Maiana?

____

Mere: Kei Papakura tāua ināianei . . . hei tāna, me haere tonu mā te huarahi matua, me whakawhiti i te arahanga nui o Tāmaki, kia tae atu ki Takapuna, me wehe i te huarahi matua.

____

____

Huri matau i ngā pou rama tuatahi. Haere tōtika ki te huarahi o Moana.

____

Rāpare – Thursday

30-minute challenge

1. **Whakapākehātia te wāhanga tuarua o te kōrero i waenganui i a Mere rāua ko Māka.**
1. *Translate into English, the second part of the dialogue between Mere and Māka.*

Kātahi ka huri mauī, ka haere tonu mō te kotahi kiromita.

____

Kātahi ka huri matau, ā, koirā te huarahi kei reira te whare o Maiana.

Māka: Pēhea te tawhiti i konei ki korā?

Mere: Rua tekau mā rima kiromita pea.

Māka: E hia te roa kia tae atu?

Mere: Kei te āhua o ngā pokokōhua huarahi nei, engari i tōna tikanga, e rua tekau meneti.

Māka: Ki ō whakaaro, i tika tā tāua haere mai mā Tauranga? Ka mahue rānei te haere mā Rotorua, he tere ake hoki?

Mere: I pai tonu te haere mā Tauranga. Kotahi rau kiromita te tawhiti i reira ki Tāmaki, kotahi rau kiromita hoki te tawhiti i Rotorua ki Tāmaki, nō reira ehara i te aha.

Rāmere – Friday

30-minute challenge

1. Whakarongo ki te pāhorangi mō tēnei wiki:

1. Listen to this week's podcast at:

www.MaoriMadeEasy2.co.nz

2. Whakaotia tēnei pangakupu.

2. Complete the crossword.

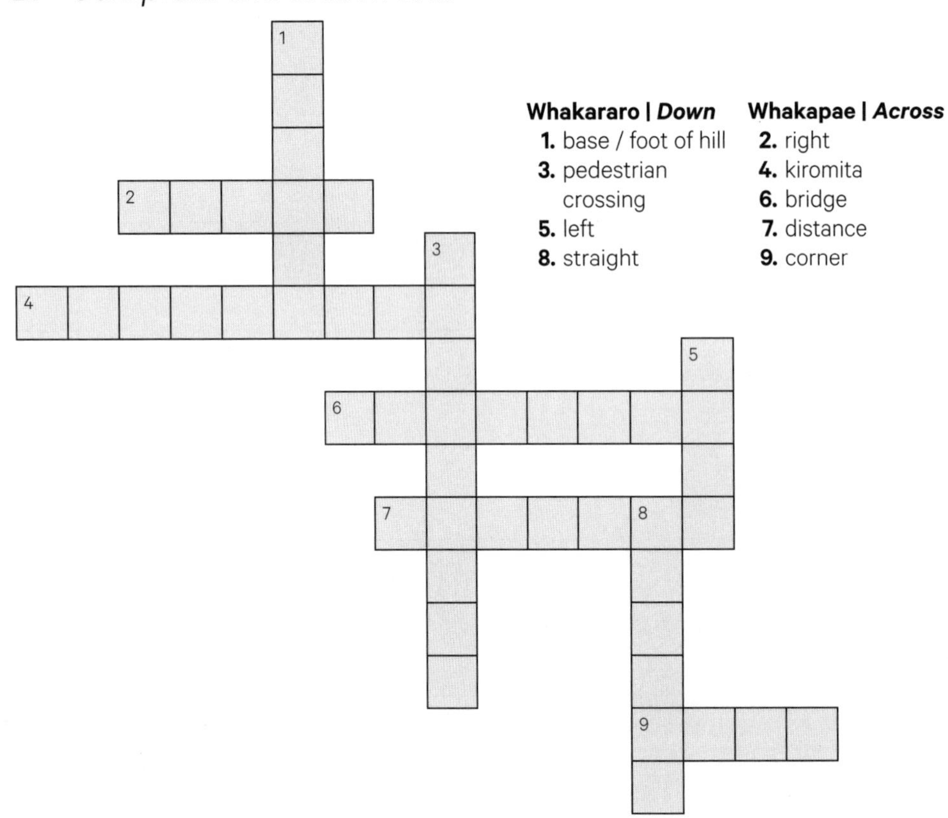

Weekend Word List

Rīpeka	Ex-partner
Pahū	Explode
Whakarākai	Get flashed up
Kōpā	Overcrowded / Packed
Pāparakāuta	Pub
Uru	Enter / Go into
Tū te puehu	Conflict ('dust flying')
Ata pongipongi	Early hours of the morning
Pātuhi	Text
Hemo	Wasted / Struggling / No strength
Rangi	Tune
Tiripapā	Fireworks
Porotiti	Wheels

WEEK FIFTY-NINE
More skills for telling a story

Whakataukī o te wiki
Proverb of the week
Me te wai kōrari
Like the nectar of the flax flower (sweet)

He Tauira Kōrero

Kei runga a Mere rāua ko Māka i te pahi.

Māka: Kōrero mai mō tō pō inapō, e hoa.

Mere: I tīmata mātou ki te whare o Kahu. Ka kai, ka kōrero, mea rawa ake ka kī a Kahu, me haere ki te tāone inu ai. Whakaae katoa ana mātou. Nō reira, ka whakarākai mātou, ka waea atu ki te Uber. Nā wai rā, ka tae mai te Uber, kōpā katoa ana mātou ki roto. Kāore i roā, ka tae atu ki te pāparakāuta tuatahi, ko 'Mihi Mai' te ingoa. Uru ana mātou, pahū ana a Terehia i te kitenga o tana rīpeka i te taha o tana wahine hōu. Tere tonu ana tā mātou puta i reira, kei tū te puehu! Kātahi mātou ka haere ki te pāparakāuta tuarua, ko 'Ka taka te Pō' te ingoa. Rawe, e hoa, kanikani pai ana mātou ki ngā waiata, pau ana te kaha ki te inuinu i ngā inu maha. I rawe! Nō te rua karaka i te ata pongipongi nei ka hoki au ki te kāinga. Ao ake te ata, ka haere au ki te whakangungu, ka pātuhi ki ngā hoa kia kite ai pēhea ana rātou. Hemo katoa ana rātou i te ata nei, e hoa, ka aroha kē hoki!

Māka: Waimarie koe i āhua moata tō hoki ki te kāinga, nē?

Mere: Āe, e hoa . . . oh, tētahi atu kōrero i puta i te pō rā, kua wehe a Tame rāua ko Hine!

Māka: I nē? E kī, e kī!

Mere: Āe . . . tae atu ana a Hine ki te kāinga i tētahi rā, i reira a Tame me tētahi wahine nō tana wāhi mahi! Haukerekerehia ana a Tame e Hine, panaia atu ana i te whare!

Māka: Kātahi rā hoki!

Towards the end of *Māori Made Easy* (Week Twenty-Seven to be exact!) we learnt how to tell a story or, for example, recall an event from the previous night by using the particle **ka** to introduce the flow of actions in the story. **Ka** is the key to telling a story! Its primary function is to introduce an action or a verb. It does not indicate a tense. The tense is usually set by other means or by the context in which the **ka** has been used, like this:

I tērā wiki, ka wehe te whānau i Rotorua ki Tāmaki
Last week, the family left Rotorua for Auckland

Inanahi, ka haere a Mere ki te whare o tōna hoa
Yesterday, Mere went to her friend's house

Āpōpō, ka karanga te iwi i te manuhiri
Tomorrow the tribe will call the visitors

As you can see, the tense is set by **I tērā wiki**, **Inanahi** and **Āpōpō**. The **ka** introduces the action. Other key phrases to use when telling a story are:

Nā wai rā	*Eventually*
Ao ake te ata	*The next day*
I tētahi rā	*One day*
Kāore i roa	*It wasn't long*
Mea rawa ake	*Next minute*
Kātahi ka	*And then*
ā	*and*

These help to link your story together. Another common characteristic of storytelling is the use of **ana**. So far you have learnt to use **ana** in a present-tense action phrase in conjunction with **e**. For example:

E noho ana mātou	*We are sitting*
E kai ana ngā tamariki i ngā āporo	*The kids are eating the apples*
Kei roto i te whare rāua e inu ana	*They are in the house drinking*

Quite often, when you are in the flow of your story, you will use **ana** but not **e**. This is common and acceptable in conversational language, especially when you are telling a story.

Tae atu ana mātou, kua moe kē rātou	*When we arrived there, they were already asleep*
Kātahi a Mere ka kite i tana rīpeka, pahū ana ia!	*Then Mere saw her ex and blew her stack!*
Ka noho, ka tatari, hōhā ana a Timi, ka wehe!	*We stayed, we waited, then Timi got fed up and left!*

HARATAU – PRACTICE

Rāhina – Monday

30-minute challenge

1. **Pānuitia te kōrero i waenganui i a Mere rāua ko Māka, ka tuhi ai i ngā rerenga *ana*. Kātahi ka whakapākehātia.**

1. *Read the conversation between Mere and Māka and write down any sentences that use **ana**. Then translate into English.*

1. ______________________________
Whakapākehātanga: ______________________________
____

2. ______________________________
Whakapākehātanga: ______________________________
____

3. ______________________________
Whakapākehātanga: ______________________________
____

4. ______________________________
Whakapākehātanga: ______________________________
____

5. ______________________________
Whakapākehātanga: ______________________________
____

6. ______________________________
Whakapākehātanga: ______________________________
____

7. ______________________________
Whakapākehātanga: ______________________________
____

8. ______________________________
Whakapākehātanga: ______________________________
____

9. ______________________________
Whakapākehātanga: ______________________________
____

10. ______________________________
Whakapākehātanga: ______________________________
____

11. ______________________________
Whakapākehātanga: ______________________________
____

12. ______________________________
Whakapākehātanga: ______________________________
____

Rātū – Tuesday

30-minute challenge

1. Whakaraupapahia ēnei rerenga kōrero kia tika ai te takoto o te kōrero i waenganui i Mere rāua ko Māka.

1. *Put the following sentences in order so that the dialogue between Mere and Māka makes sense.*

a. Kātahi mātou ka haere ki te pāparakāuta tuarua, ko 'Ka taka te Pō' te ingoa.
b. Hemo katoa ana rātou i te ata nei, e hoa, ka aroha kē hoki!
c. Ka kai, ka kōrero, mea rawa ake, ka kī a Kahu, me haere ki te tāone inu ai.
d. I tīmata mātou ki te whare o Kahu.
e. Nō te rua karaka i te ata pongipongi nei, ka hoki au ki te kāinga.
f. Kāore i roā, ka tae atu ki te pāparakāuta tuatahi, ko 'Mihi Mai' te ingoa.
g. Ao ake te ata, ka haere au ki te whakangungu, ka pātuhi ki ngā hoa kia kite ai, pēhea ana rātou.
h. Nō reira, ka whakarākai mātou, ka waea atu ki te Uber.

1. ______________________________
2. ______________________________
3. ______________________________
4. ______________________________
5. ______________________________
6. ______________________________
7. ______________________________
8. ______________________________

Sometimes, when you are telling a story, you may forget a name or the word for an object or item that's in your story . . . How do you manage that? Here are the first few phrases for you to learn that you might find handy when you are telling a story!

2. Kimihia te whakamārama tika mō ēnei rerenga kōrero. Tuhia he rārangi i te rerenga reo Māori ki tōna hoa reo Pākehā.

2. Match the sentences on the left to the correct meanings on the right. Draw a line to the correct meaning.

1. Taihoa ake nei	a. *What's the word again for . . .*
2. He aha anō te kupu mō . . .	b. *This thing (I'm talking about) looks like this . . .*
3. Ko wai anō te ingoa o te hoa o . . .?	c. *This thing (I'm talking about) was this big*
4. He pēnei te āhua o te mea nei . . .	d. *Do you understand?*
5. He pēnei te nui o te mea nei	e. *Hang on a minute (gives you time to think!)*
6. Kei te mārama koe?	f. *What's the name of . . . friend again?*

Rāapa – Wednesday

Of course, there are times when you won't be telling the story, someone else will be. So what do you say if you are not following or don't understand a word? Let's start off today by learning a few phrases we can use should that kind of scenario arise!

30-minute challenge

1. Kimihia te whakamārama tika mō ēnei rerenga kōrero. Tuhia he rārangi i te rerenga reo Māori ki tōna hoa reo Pākehā.

1. Match the sentences on the left to the correct meanings on the right. Draw a line to the correct meaning.

1. Whakahokia mai anō tō kōrero . . .?	*a. What's the word . . .?*
2. He aha te kupu . . .?	*b. What did it look like? / What was it like?*
3. Āta kōrero mai, e hoa	*c. Yes, go on with your story*
4. Kāore i mau i a au te tikanga o tēnā kōrero . . .	*d. I didn't catch the meaning of what you said there . . .*
5. He / I pēhea te āhua?	*e. Can you repeat what you just said?*
6. Āe, haere tonu tō kōrero	*f. (Can you) Talk a bit slower, my friend*

Sounds are also prevalent during storytelling . . . the barking of the dog, the explosion of the fireworks at the concert, the crash that happened between two cars, the trickling of the rain which meant you didn't sleep well! Let's look at some adjectives to describe sounds.

2. Kōwhiria te kupu tika mō ia pikitia. Kua hoatu te tuatahi.

2. Choose the correct word for each picture. The first one has already been done.

turuturu
haruru hotuhotu
pahū hihī korowhiti
tanguru korihi
ngē tīoro ngengere
mapu

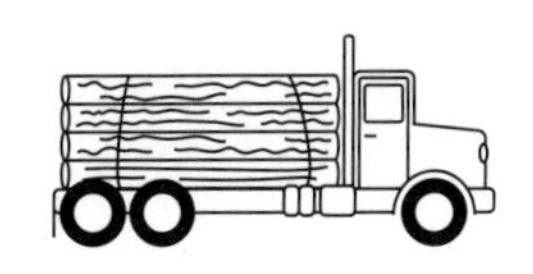

auau ________ ________ ________

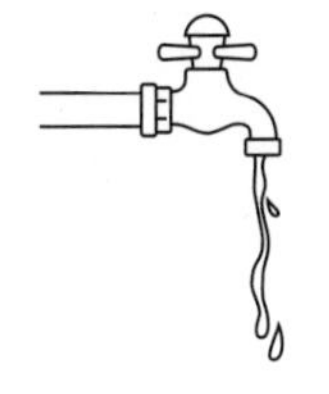

________ ________ ________ ________

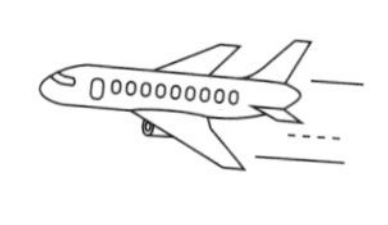

________ ________ ________ ________

Rāpare – Thursday

30-minute challenge

1. Whakamāoritia ēnei rerenga kōrero.

1. Translate into Māori.

1. And then the car's wheels made this screeching noise

   ____

   ____

2. We (2) jumped the fence, and next minute, we were standing in front of a growling dog

   ____

   ____

3. Last night, Mere and I went to watch the fireworks exploding in the sky

   ____

   ____

4. We (3) then heard this plane humming above us

   ____

   ____

5. The next morning, Mere was sick and sobbing hard out

   ___

   ___

6. We (6) met this man, and he was whistling a tune we knew

   ___

   ___

7. We (4) were in the pub dancing, and then water started trickling from the roof

   ___

   ___

8. I heard the chirping of birds, I saw the trees, I saw the beautiful buildings, I saw the . . . what's the word for statue?

   ___

   ___

9. We got on the bus at 2pm and sat down. Then . . . what's Hēmi's friend's name again? Yes, then he got on the bus

   ___

   ___

10. We (5) started to cross the road, then we heard the rumbling of a truck, so we ran

    ___

    ___

Rāmere – Friday

30-minute challenge

1. Whakarongo ki te pāhorangi mō tēnei wiki:

1. Listen to this week's podcast at:

www.MaoriMadeEasy2.co.nz

2. Whakaotia tēnei pangakupu.

2. Complete the crossword.

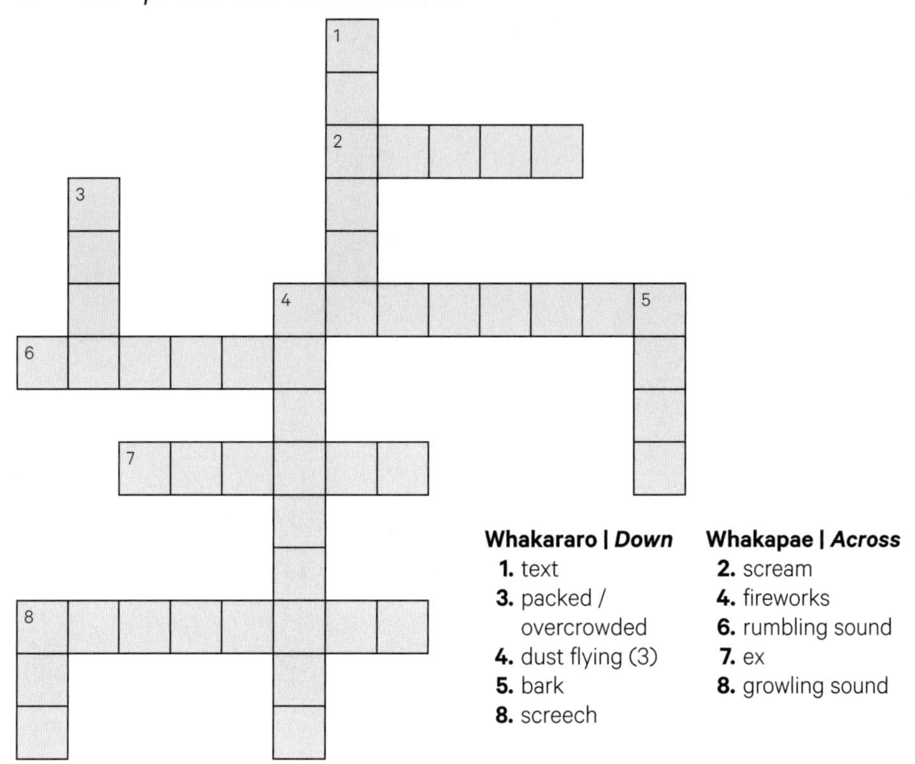

No weekend word list this weekend, e hoa mā, but prepare for next week! It's your final revision week. A week designed to test where you're at, and if you are beginning to comprehend sentence structures and understand the language!

WEEK SIXTY
Wiki Huritao – Revision week

Whakataukī o te wiki
Proverb of the week
He kōpara kai rērere
A flitting bellbird (she looks good, sounds good but she flits about everywhere)

Rāhina – Monday

30-minute challenge

Pānuitia tēnei kōrero kei waenganui i a Mere rāua ko Māka nō te Wiki Rima Tekau Mā Whitu, ka tuhi ai i ō whakautu ki ngā pātai.

Read the dialogue between Mere and Māka from Week Forty-Seven, then answer the questions.

Kei te noho a Mere rāua ko Māka ki te kai.

Mere: He aha māu, e Māka?

Māka: Ka mahi hanawiti au ki te tōmato, te rengakura, te roi huamata me te heihei.

Mere: Anei rā ngā momo ranu hei kīnaki i tō hanawiti.

Māka: Tēnā koe! Hōmai te kiri o te heihei, he pai ki a au te kakukakutanga o te kiri.

Mere: Kāore pea i tino tika te maoatanga o te heihei nei, e mōwhakiwhaki ana ētahi wāhanga o te kiko, he pakapaka ētahi wāhanga, i hoko i hea?

Māka: I te hokomaha tonu.

Ka ngau a Mere i tētahi o ngā āporo.

Māka: Kei te pēhea ngā āporo, he pai?

Mere: Pakē ana, e hoa, he reka!

Māka: Mā te aha i tēnā! I hoko keke hoki au hei tōwhiro mā tāua.

Mere: Koia kei a koe! Te tūmanako, kia āhua kōmāmā te keke nei, kei te whakatiki au.

Māka: Kia kōpūtoitoi hoki, kāore au i te rata ki te keke maroke.

Mere: Hā, hā! Mō te tātā kai, kāore he painga i a tāua, Māka.

Māka: He tika tāu. Tēnā, hōmai te waewae o te heihei rā, e nakunaku ana te kiko i reira.

Mere: Anei rā, kia pai te kai! Mauri ora!

1. Kei te mahi a Māka i tana hanawiti ki te aha?

2. Tuhia ngā kupu kei te ngaro: 'Te ________________, kia ______________________ te keke nei, kei ______________ au.'
3. E pirau ana, e pakē ana rānei te āporo?

   ____

4. He pai ki a Māka te aha o te kiri o te heihei?

   ____

5. I hokona te heihei e wai, i hea?

   ____

6. Ko tēhea te whakapākehātanga tika mō, 'e nakunaku ana te kiko . . .'?
   a. the meat is tough
   b. the meat is falling off (the bone)
   c. the meat is tender
7. He aha te kupu Pākehā mō 'kōpūtoitoi'?

   ____

8. I hoko aha hei towhiro mā rāua?

   ____

9. Tuhia ngā kupu kei te ngaro: 'Mō __________ __________ kai, __________ __________ __________ i a tāua'

   ____

10. Whakapākehātia tēnei rerenga: 'Kia pai te kai, mauri ora!'

   ____

Rātū – Tuesday

30-minute challenge

Pānuitia tēnei kōrero kei waenganui i a Mere me Māka, ka tuhi ai i ō whakautu ki ngā pātai.

Read the dialogue between Mere and Māka, then answer the questions.

Māka: Te hōhā hoki o tēnei tāone! He maha rawa ngā waka! Ngōki ki hea, ngōki ki hea, tētahi tāone pokokōhua!

Mere: Kia mauri tau koe, Māka. Mōhio tonu koe, he take nui i haere mai ai tāua ki konei, ko te huritau o tō tāua tino hoa, o Maiana.

Māka: He tika tāu. He aha ngā tohutohu a Matua Kūkara e tae ai tāua ki te whare o Maiana?

Mere: Kei Papakura tāua ināianei . . . hei tāna, me haere tonu mā te huarahi matua, me whakawhiti i te arahanga nui o Tāmaki, kia tae atu ki Takapuna, me wehe i te huarahi matua. Huri matau i ngā pou rama tuatahi. Haere tōtika ki te huarahi o Moana. Kātahi ka huri mauī, ka haere tonu mō te kotahi kiromita. Kātahi ka huri matau, ā, koirā te huarahi kei reira te whare o Maiana.

Māka: Pēhea te tawhiti i konei ki korā?

Mere: Rua tekau mā rima kiromita pea.

Māka: E hia te roa kia tae atu?

Mere: Kei te āhua o ngā pokokōhua huarahi nei, engari i tōna tikanga, e rua tekau meneti.

Māka: Ki ō whakaaro, i tika tā tāua haere mai mā Tauranga? Ka mahue rānei te haere mā Rotorua, he tere ake hoki.

Mere: I pai tonu te haere mā Tauranga. Kotahi rau kiromita te tawhiti i reira ki Tāmaki, kotahi rau kiromita hoki te tawhiti i Rotorua ki Tāmaki, nō reira ehara i te aha.

1. He aha te take kei Tāmaki rāua?

   ____

2. Tuhia ngā kupu kei te ngaro: 'Me ________________ mā ________________ ________________,'

   ____

3. E whai ana i tō whakautu ki te pātai 2, tuhia te roanga o ngā tohutohu kia tae ki te whare o Maiana.

   ____

   ____

   ____

   ____

   ____

   ____

4. E hia te roa kia tae atu i Papakura ki te whare o Maiana?

   ____

5. He aha a Māka i hōhā ai ki a Tāmaki?

   ____

6. Ko tēhea te whakapākehātanga tika mō, 'He aha ngā tohutohu a Matua Kūkara?'
   a. What are Uncle Google's directions?
   b. What is Uncle Google doing?
   c. Can you ask Uncle Google?
7. He aha ngā kupu Pākehā mō 'haere tōtika'?

   ____

8. He aha ngā kupu Pākehā mō 'huri matau'?

   ____

9. I haere rāua mā Tauranga, mā Rotorua rānei?

   ____

10. Ko wai kei te hautū?

   ____

Rāapa – Wednesday

30-minute challenge

Pānuitia tēnei kōrero kei waenganui i a Mere me Māka, ka tuhi ai i ō whakautu ki ngā pātai.

Read the dialogue between Mere and Māka, then answer the questions.

Kei runga a Mere rāua ko Māka i te pahi.

Māka: Kōrero mai mō tō pō inapō, e hoa.

Mere: I tīmata mātou ki te whare o Kahu. Ka kai, ka kōrero, mea rawa ake, ka kī a Kahu, me haere ki te tāone inu ai. Whakaae katoa ana mātou. Nō reira, ka whakarākai mātou, ka waea atu ki te Uber. Nā wai rā, ka tae mai te Uber, kōpā katoa ana mātou ki roto. Kāore i roā, ka tae atu ki te pāparakāuta tuatahi, ko 'Mihi Mai' te ingoa. Uru ana mātou, pahū ana a Terehia i te kitenga o tana rīpeka i te taha o tana wahine hōu. Tere tonu ana tā mātou puta i reira, kei tū te puehu! Kātahi mātou ka haere ki te pāparakāuta tuarua, ko 'Ka taka te Pō' te ingoa. Rawe, e hoa, kanikani pai ana mātou ki ngā waiata, pau ana te kaha ki te inuinu i ngā inu maha. I rawe! Nō te rua karaka i te ata pongipongi nei, ka hoki au ki te kāinga. Ao ake te ata, ka haere au ki te whakangungu, ka pātuhi ki ngā hoa kia kite ai pēhea ana rātou. Hemo katoa ana rātou i te ata nei, e hoa, ka aroha kē hoki!

Māka: Waimarie koe i āhua moata tō hoki ki te kāinga, nē?

Mere: Āe, e hoa . . . oh, tētahi atu kōrero i puta i te pō rā, kua wehe a Tame rāua ko Hine!

Māka: I ne? E kī, e kī!

Mere: Āe . . . tae atu ana a Hine ki te kāinga i tētahi rā, i reira a Tame me tētahi wahine nō tana wāhi mahi! Haukerekerehia ana a Tame e Hine, panaia atu ana i te whare!

Māka: Kātahi ra hoki!

1. I tīmata te pō o Mere ki hea?

   ____

2. I pēhea tā rātou noho ki roto i te Uber?

   ____

3. Ko hea te ingoa o te pāparakāuta tuatahi?

   ____

4. Tuhia ngā kupu kei te ngaro: '________________ ______ a Tame ______ __________, __________ ________ ________ i te whare'

5. He aha ā rātou mahi i te whare 'Ka taka te Pō'?

____

6. Meka (*true*) / Teka (*false*) rānei: Nō te toru karaka i hoki ai a Mere ki te kāinga?

____

7. He aha ia i pātuhi ai ki ōna hoa?

____

8. He aha te whawhewhawhe nui i puta i te pō rā?

____

9. Nō wai te whakaaro kia haere ki te tāone?

____

10. Whakapākehātia ēnei rerenga:
    a. Kātahi rā hoki! = ______________________________
    b. E kī, e kī! = ______________________________
    c. Tere tonu ana tā mātou puta = ______________________________

Rāpare – Thursday

30-minute challenge

1. Kimihia ngā kupu.

1. Find the words.

I	T	K	C	I	K	U	K	A	R	A	T	U	P	D
M	A	U	O	S	H	A	H	I	Q	I	S	R	S	Z
X	U	K	R	D	K	A	H	A	O	D	S	U	Y	G
M	I	U	A	U	A	U	R	R	P	O	D	R	Y	G
K	V	N	K	R	T	M	O	A	I	N	R	A	N	U
W	A	A	G	A	A	U	Z	E	U	R	S	H	I	A
W	K	M	P	E	M	K	R	T	A	H	M	T	X	H
U	A	T	A	M	A	T	A	U	M	A	I	P	K	A
M	D	T	H	Q	U	X	O	H	W	H	T	O	I	E
A	U	K	A	J	H	L	A	T	W	X	P	R	R	E
O	D	T	P	T	I	N	Y	O	I	Z	Y	O	I	B
I	K	J	B	L	O	T	R	M	K	K	R	T	K	L
N	J	C	W	M	R	O	X	J	E	N	A	I	A	H
R	E	N	G	A	K	U	R	A	R	M	D	T	D	B
E	R	A	M	E	R	A	M	Q	O	K	C	I	W	G

ERO	HARURU	HUARAHI
KAKUKAKU	KIKO	KIRIKĀ
KOROWHITI	KŪKARA	MAREMARE
MATAU	MAUĪ	NGĒ
PAHŪ	PĀTUHI	POROTITI
RANU	RENGAKURA	ROIHUAMATA
TIORO	TŌTIKA	TURUTURU

2. Ināianei, kōwhiria kia ono o ēnei kupu hei whakauru māu ki ētahi rerenga, ka rite tonu te whakamahia e koe.

2. Now, choose six of these words and create a sentence for each word. Try to create a sentence you think you will use regularly.

1. ______________________________
2. ______________________________
3. ______________________________
4. ______________________________
5. ______________________________
6. ______________________________

Rāmere – Friday

30-minute challenge

1. Whakarongo ki te pāhorangi mō tēnei wiki, he momo whakamātautau whakarongo kei reira.

1. Listen to this week's podcast, a listening test has been prepared for you.

www.MaoriMadeEasy2.co.nz

ANSWERS

WEEK FIFTY-THREE

Rāhina – Monday

1. Kimihia te whakamārama tika mō ēnei rerenga kōrero. Tuhia he rārangi i te rerenga reo Māori ki tōna hoa reo Pākehā.
1. Match the sentences on the left to the correct meanings on the right. Draw a line to the correct meaning.

1. Te māngere hoki!	b. *How lazy!*
2. Te hiapai hoki!	f. *What a damn cheek!*
3. Te riri hoki ōna!	k. *My word, how angry he is!*
4. Te koretake hoki!	a. *Absolutely hopeless!*
5. Te pāmamae hoki ō rātou!	e. *Far out, their feelings are really hurt!*
6. Te pūhaehae hoki!	h. *How jealous!*
7. Te mataku hoki!	i. *How scary!*
8. Te āmaimai hoki!	g. *How nerve-racking!*
9. Te ngākau kore hoki!	d. *What lack of motivation!*
10. Te manawarū hoki o te iwi i tō taenga mai!	l. *How delighted the tribe was at your arrival!*
11. Te mauri tau hoki o te pēpi nā!	j. *Far out, that child is calm!*
12. Te hiakai hoki ōku!	c. *Man am I hungry!*

Rātū – Tuesday

1. Tuhia he rerenga kōrero mō ia pikitia. Whakamahia te rerenga o tēnei rā. Kua hoatu te tuatahi.
1. Write a sentence for each picture. Use the structure from today. The first one has already been done.

Tētahi wahine pukuriri!	Tētahi tāne pōuri!	Tētahi kōtiro manawarū!	Tētahi tama māngere!
Tētahi pēpi mauri tau!	Tētahi tāne mauri rere!	Tētahi kuia āmaimai!	Tētahi koroua pōkaikaha!
Tētahi kōtiro hiakai!	Tētahi tama hāmama!	Tētahi tama tere ki te oma!	Tētahi kuri hōhā!

2. Whakapākehātia ngā rerenga kōrero nei.
2. Translate these sentences into English.

1. What an idiot!
2. What a grudge-holder she is!
3. What a poor tribe!
4. What an airhead family!
5. What an unskilled team!
6. What a clumsy girl!
7. What a cheeky bird!
8. What a promiscuous woman!

Rāapa – Wednesday

1. Kimihia te whakamārama tika mō ēnei rerenga kōrero. Tuhia he rārangi i te rerenga reo Māori ki tōna hoa reo Pākehā.
1. Match the sentences on the left to the correct meanings on the right. Draw a line to the correct meaning.

1. Tautoko!	e. *Totally! (I support that)*

2. Hurō!	d. *Hooray!*
3. Ka rawe!	b. *Excellent!*
4. Te tika hoki!	a. *Absolutely correct!*
5. Kia ora!	f. *I agree!*
6. He tika tāu!	g. *You are quite right!*
7. Tau kē hoki!	c. *How neat!*

2. Hōmai te ***kīwaha*** hei whakaea i ēnei tīwhiri.
2. Guess the ***kīwaha*** *for the feeling being described.*

1. Auē!
2. Taukuri e!
3. Kua hē! Kua hē!
4. Ka aroha!
5. I wāna nei hoki!
6. Āta koia!

3. Kimihia te whakamārama tika mō ēnei rerenga kōrero. Tuhia he rārangi i te rerenga reo Māori ki tōna hoa reo Pākehā.
3. Match the sentences on the left to the correct meanings on the right. Draw a line to the correct meaning.

1. Kai a te kurī!	g. *I'll feed you to my dog!*
2. Tō hamuti!	e. *You remind me of excrement!*
3. Tō tero!	f. *Up your arse!*
4. Pokokōhua!	c. *Go boil your head!*
5. Pokotiwha!	d. *Head like a black hole!*
6. Koko tūtae!	b. *Shovel my shit!*
7. Kai a te ahi!	a. *I'll feed you to the fire!*

Rāmere – Friday

2. Whakaotia tēnei pangakupu.
2. Complete the crossword.

Whakararo | *Down*

1. CHOKE
2. CLUMSY
3. SHOUT
4. VICTIM
6. POOR

Whakapae | *Across*

2. CHEEKY
5. UNSKILLED
7. IDIOT
8. DROWN

WEEK FIFTY-FOUR

Rāhina – Monday

1. Kōwhiria te kupu mō tēna wāhanga, mō tēnā wāhanga o te tinana.
1. Select the correct word for each part of the body and write it by the correct line.

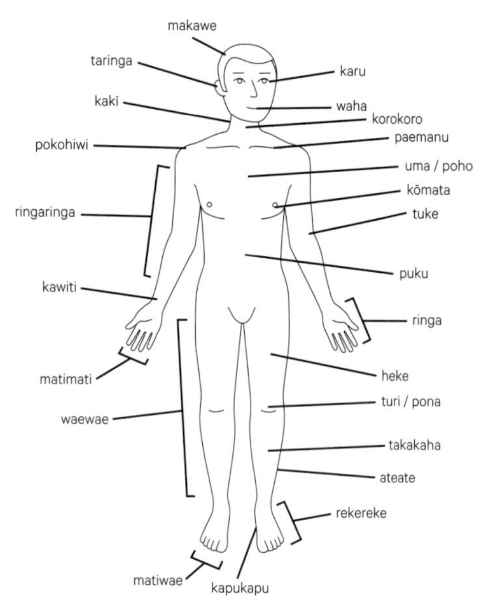

Rātū – Tuesday

1. Kimihia te whakamārama tika mō ēnei kupu whakarite mō te tinana. Tuhia he rārangi i te rerenga reo Māori ki tōna hoa reo Pākehā.
1. *Match the metaphors about the body on the left to the correct meanings on the right. Draw a line to the correct meaning.*

1. He karu hōmiromiro ōna!	e. *She has an eye for detail! (Perceptive)*
2. He taringa kōhatu ō koutou!	i. *You guys have ears like stone! (Don't listen!)*
3. He upoko mārō tērā tangata!	k. *That person over there is hard-headed! (Stubborn)*
4. He ihu hūpē koe, e noho!	g. *You are a novice, sit down! (Inexperienced)*
5. Waea atu ki a Hēmi kia haere mai ki te āwhina, he ihu oneone nōna	j. *Ring Hēmi to come and help because he is a hard worker (Industrious)*
6. Kaua e pōwhiri i a ia, he ringa kakama hoki!	a. *Don't invite him, he's light fingered! (Thief)*
7. Me he korokoro tūī!	f. *Just like the throat of a tūī! (Great singer)*
8. He ngutu repe!	l. *Loose lips! (Gossiper)*
9. Koia te pokohiwi kaha o te whānau!	h. *He is the strong shoulder of the family! (Reliable in times of need)*
10. He waewae kaipakiaka ia!	d. *His legs have trodden the path! (Experienced)*

11.	He waha papā tō irāmutu!	b.	*Your nephew is a loud mouth! (Big mouth)*
12.	Kia tūpato ki a ia, he arero rua!	c.	*Be careful of her, she has a forked tongue! (Untrustworthy)*

Rāapa – Wednesday

1. Whakatikahia ēnei kupu e nanu ana, kātahi ka whakapākehātia.

1. Unscramble the following words, then translate to English.

1. karu hōmiromiro = *eye for detail, perceptive*
2. ngutu repe = *loose lips, gossiper*
3. kōmata = *nipple*
4. kapukapu = *sole of foot*
5. takapū = *calf*
6. ihu hūpē = *inexperienced*
7. kawititanga = *wrist*
8. matiwae = *toe*
9. paemanu = *clavicle*
10. waewae kaipakiaka = *experienced*

2. Hōmai te ***kīwaha*** hei whakaea i ēnei tīwhiri.

*2. Guess the **kīwaha** for the body part being described.*

1. korokoro
2. pokohiwi
3. matiwae
4. waha
5. ngutu
6. rīrapa

Rāpare – Thursday

1. Whakamahia ngā kupu i ako ai koe i te rārangi kupu o te wiki ki te whakamāori i ēnei rerenga.

1. Use the words from this week's word list to help you translate these sentences.

1. Kua whati i a au tōku paemanu
2. I takoki i a ia tōna raparapa
3. I marū i a Mere tōna takapū
4. Ka tīhae au i taku rīrapa, kei te rongo au
5. He karu marū tōku
6. I takoki i a au tōku pona inanahi
7. I whati i a ia tōna kawititanga
8. I marū i a ia tōna kapukapu
9. I tanoi i a Rīhari tōna tuke
10. Kua hārau i a au tōku pona

Rāmere – Friday

2. Whakaotia tēnei pangakupu.

2. Complete the crossword.

Whakararo | *Down*

2. RĪRAPA
3. WHATI
4. KAPUKAPU
6. TAKOKI
8. MARŪ

Whakapae | *Across*

1. HĀRAU
4. KŌMATA
5. TANOI
7. MATIWAE
9. PĪKAU

WEEK FIFTY-FIVE

Rāhina – Monday

Pānuitia tēnei kōrero kei waenganui i a Mere rāua ko Māka nō te Wiki Rima Tekau Mā Tahi, ka tuhi ai i ō whakautu ki ngā pātai.
Read the dialogue between Mere and Māka from Week Fifty-One, then answer the questions.

1. He rangi kōmaru
2. Mō te hangarau hōu o te wā
3. Kotahi mano tāra
4. Kua hoko kē a Mere i tētahi
5. He roa ngā makawe, he urukehu hoki, he pāuaua tonu te hanga, he pāhau tōna ināianei, ā, he poto tonu, kāore anō kia tipu
6. (a) spectacular
7. Smooth
8. Nā tōna pāpā mō tana mahi i runga i te pāmu i ngā wiki o te raumati
9. Kāo
10. Ko Pere hei karangatahi ki a Mere
11. Inapō
12. I te āhua nei

Rātū – Tuesday

Pānuitia tēnei kōrero, ka whakautu ai i ngā pātai.
Read the dialogue, then answer the questions.

1. Kāo
2. Me kore ake koea, e Koro!
3. Ka haria te kaituhi e tōna koroua ki te hī ika
4. Nō te rua tekau tau te kuia o te kaituhi i mate ai
5. Kāo
6. (c) choking from no air!
7. Drown
8. Mischievous
9. Nō tērā atu kaihautū
10. Sometimes, he would smash things, because he was missing my grandmother so much

Rāapa – Wednesday

Pānuitia tēnei kōrero kei waenganui i a Atawhai me Anaru, ka tuhi ai i ō whakautu ki ngā pātai.
Read the dialogue between Atawhai and Anaru, then answer the questions.

1. Kua hārau te pona o Anaru
2. I taka ia i tana pahikara
3. Ka kōhete a Māmā mō te kore mau pōtae mārō
4. Kua whati hoki i a koe tō raparapa
5. Pokokōhua
6. Teka (*false*)
7. Kawititanga
8. Ears like stone, don't listen
9. Me haere a Anaru ki te hohipera
10. Whakapākehātia ēnei rerenga:

a. ka aroha koe = *I feel sorry for you*
b. I wāu nei hoki = *How unfortunate*
c. tētahi tamaiti tangiweto! = *What a sooky bubba / crybaby!*

Rāpare – Thursday

1. Kimihia ngā kupu.
1. *Find the words.*

R	T	I	K	L	Y	Q	I	J	N	E	H	W	U	K
C	A	A	G	N	E	R	U	R	A	P	A	A	P	U
L	K	J	K	F	N	N	A	W	L	E	K	Z	A	Q
I	O	I	S	O	I	O	I	H	K	I	A	C	K	C
T	K	W	O	N	M	T	V	A	P	A	O	B	U	X
A	I	R	I	N	A	A	I	I	H	U	H	U	P	E
H	U	P	A	M	A	P	T	O	R	E	R	A	A	G
W	A	H	T	O	A	T	F	A	N	I	A	B	K	G
T	Z	Q	O	K	A	H	J	E	E	U	A	F	M	Q
H	E	H	I	K	J	Y	C	H	J	A	U	U	K	P
A	I	A	G	T	O	T	X	Q	O	R	B	M	O	G
L	K	H	O	N	P	K	Z	A	Q	B	T	U	H	J
A	G	F	R	W	C	R	O	K	J	M	A	R	U	P
S	C	B	O	B	R	W	R	P	Y	I	C	X	Y	O
X	D	R	P	O	D	Y	W	O	X	J	U	J	X	S

WEEK FIFTY-SIX

Rāhina – Monday

1. Whakapākehātia ēnei rerenga kōrero.
1. *Translate into English.*

1. Oh no, my nose is running
2. Oh no, my eyes are sore
3. Oh no, my ears are sore
4. Oh no, I have a headache
5. Oh no, I have itchy hair
6. Oh no, I have a stomach ache
7. Oh no, my legs are aching
8. Oh no, the scab is infected
9. Oh no, (I) have a fever
10. Oh no, I think I am going to vomit

Rātū – Tuesday

1. Kōwhiria te kupu tika mō ia wāhanga o te tinana.
1. *Choose the correct ailment that affects these parts of the body.*

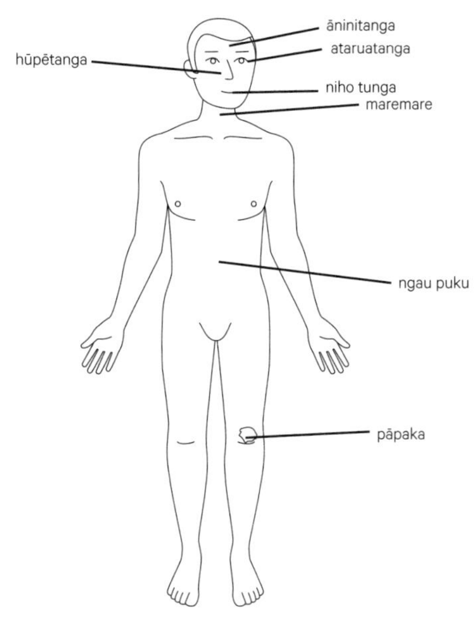

2. Kimihia te whakamārama tika mō ēnei māuiuitanga o te tinana. Tuhia he rārangi i te rerenga reo Māori ki tōna hoa reo Pākehā.
2. *Match the ailments on the left to the correct meanings on the right. Draw a line to the correct meaning.*

1. Ko te rewharewha pea	d. *It looks like the flu*
2. Mō wai te rongoā maremare nei?	a. *Who is this cough medicine for?*
3. Nō wai tēnei rongoā korokoro mamae?	b. *Who does this throat remedy belong to?*
4. He kirieke kei ō kūhā	f. *You have a rash in your groin*
5. He mate niho tunga tōku	c. *I have a toothache*
6. He kino taku kirikā	e. *You have a bad fever*

Rāapa – Wednesday

1. Whakatikahia ēnei kupu e nanu ana, kātahi ka whakapākehātia.
1. *Unscramble the following words, then translate to English.*

1. tūroro – *patient*
2. ero – *pus*
3. pupuhi – *swollen*
4. mangeo – *itchy*
5. maremare – *cough*
6. takai – *bandage*
7. ruaki – *vomit*
8. kirikā – *fever*
9. pōātinitini – *dizzy*
10. ngau puku – *sore stomach*

2. Kimihia te whakamārama tika mō ēnei māuiuitanga o te tinana. Tuhia he rārangi i te rerenga reo Māori ki tōna hoa reo Pākehā.
2. *Match the ailments on the left to the correct meanings on the right. Draw a line to the correct meaning.*

1. I hea te kete ohotata?	c. *Where was the first-aid kit?*
2. Me whakatā koe ināianei	e. *Get some rest now*
3. Me kai koe i tō rongoā	f. *You must take your medicine*
4. Kei hea te whare rongoā?	a. *Where is the chemist?*
5. Me haere ki te tākuta	d. *Better go to the doctor*
6. Kei roto ngā rongoā i te whata o te kauranga	b. *The medicines are in the cupboard in the bathroom*

Rāpare – Thursday

1. Whakamāoritia ēnei rerenga kōrero.
1. *Translate these sentences into Māori.*

1. Kaua e arokore ki ngā tohutohu a te tākuta
2. Kaua e wareware ki te kai i ō rongoā

3. Kaua e oho moata, me moe roa
4. Kia tūpato kei pā tōna māuiui ki a koe
5. Kia tūpato, kei maringi te rongoā
6. Kia tūpato, kei te hōrapa haere te rewharewha
7. Kia kaha koe, me patu koe i tēnei māuiuitanga!
8. Kia kaha te inu wai!
9. Ka ora ake koe āpōpō
10. Ka whai hua te rongoā nei, ā taihoa ake

Rāmere – Friday

2. Ko koe te tākuta. Koinei ō pātai ki ō tūroro, me ā rātou whakautu. Kōwhiria te rongoā tika mō ēnei māuiuitanga.
2. *You are the doctor. These are your Q and A's with your patients. Choose the correct remedy for their ailments.*

Pātai – Tākuta	**Whakautu** – Tūroro	**Pātai** – Tūroro	**Rongoā** – Tākuta
Kei te hūpē tō ihu?	Āe	Me aha au?	Me whēngu tō ihu
Kei te mamae ō karu?	Āe	Me aha au?	Me turuturu rongoā karu ki roto
Kei te mamae ō taringa?	Āe	Me aha au?	Me hoko rongoā taringa
Kei te ānini tō rae?	Āe	Me aha au?	Me whakatā
Kei te māngeongeo ō makawe?	Āe	Me aha au?	Me hoko patu kutu
Kei te ngau tō puku?	Āe	Me aha au?	Me kimi rongoā e tau ai tō puku
Kei te hīwiniwini tō tinana?	Āe	Me aha au?	Me mirimiri tō hoa i tō tinana

WEEK FIFTY-SEVEN

Rāhina – Monday

1. Kimihia te whakamārama tika mō ēnei rerenga kōrero. Tuhia he rārangi i te rerenga reo Māori ki tōna hoa reo Pākehā.
1. *Match the sentences on the left to the correct meanings on the right. Draw a line to the correct meaning.*

1. Ka mahi hanawiti au ki te tōmato, te rengakura	d. *I'll make a sandwich with tomato and beetroot*
2. Ka mahi hanawiti au ki te roi huamata me te heihei	i. *I'll make a sandwich with coleslaw and chicken*
3. Anei rā he ranu hei kīnaki	a. *Here is some sauce to complement (the dish)*
4. E nakunaku ana te kiko	g. *The meat is just falling off the bone*
5. Kia kōpūtoitoi hoki, kāore au i te rata ki te keke maroke	h. *Make sure it's moist too! I don't like dry cakes*
6. Te tūmanako, kia āhua kōmāmā te keke nei	c. *Hopefully this is not a heavy (texture) cake*
7. Kei te whakatiki au	b. *I am on a diet*
8. Kāore pea i tino tika te maoatanga	k. *Maybe it wasn't cooked properly*

9. E mōwhakiwhaki ana ētahi wāhanga o te kiko	l.	*Some of the flesh is brittle*
10. He pakapaka te kai nei	e.	*This food has been baked hard / burnt*
11. Te pakē hoki o te āporo nei!	f.	*This apple is really crispy!*
12. He pēnei māu?	j.	*Do you want some of this (of what I am having)?*

Rātū – Tuesday
Chocolate Courgette Cakes
Ingredients

2 cups of roughly chopped courgette
½ cup coconut oil or butter, melted
2 cups ground almonds
1 cup coconut sugar
4 free-range eggs
1 cup cocoa
1½ tsp baking soda

Instructions

1. Preheat oven to 160°C.
2. Grease muffin tins or a regular-sized cake tin.
3. Add all ingredients to a food processor and blend until very smooth.
4. Pour mixture into muffin tins or cake tin.
5. Bake in oven for 30–40 minutes.
6. Leave to cool, then decorate.

Rāapa – Wednesday

1. Whakautua ngā pātai mō ia whakaahua.
1. Answer the questions about each picture.
   1. Kia ono ngā kānga mā mātou
   2. Kia whā ngā rau rētihi mā māua
   3. Kia rua ngā riki māku
   4. Kia kotahi te niko māku
   5. Kia toru ngā korare mā tāua
   6. Kia toru ngā puananī mā tātou
   7. Kia kotahi te rengakura mā te whānau
   8. Kia kotahi te hirikakā mā rāua
   9. Kia rua ngā kamoriki mā rātou
   10. Kia whā ngā kāroti māku
2. Hōmai te kupu hei whakaea i ēnei tīwhiri.
2. Guess the word for the feeling being described.
   1. pakapaka
   2. pūioio
   3. nakunaku
   4. pakē
   5. kakukaku

Rāpare – Thursday

1. Whakamāoritia ēnei rerenga kōrero. Whakamahia te kupu ***hōmai*** ki te tīmatanga.
*1. Translate these sentences into Māori. Use the word **hōmai** or 'give (to me)' at the start of each sentence.*

1. Hōmai kia rua ngā āporo māku
2. Hōmai kia tekau mā rua ngā tarata mā māua
3. Hōmai kia tekau ngā kerepe māku
4. Hōmai kia ono ngā maika mā rāua
5. Hōmai kia kotahi te ārani māku
6. Hōmai kia rua ngā huakiwi māku
7. Hōmai kia whitu ngā pītiti mā mātou
8. Hōmai kia tekau mā rima ngā rōpere māku
9. Hōmai kia kotahi te rāhipere māku
10. Hōmai he pouaka huarākau, kia patatini kuihi tētahi haurua, kia tūrutu tētahi haurua

2. Hōmai te kupu hei whakaea i ēnei tīwhiri.

2. Guess the word for the object being described.

1. umu
2. ngaruiti
3. māripi
4. tēpu
5. ranu

Rāmere – Friday

2. Whakaotia tēnei pangakupu.

2. Complete the crossword.

Whakararo | *Down*

1. KORARE
2. KAMORIKI
4. KŌPŪTOITOI
8. RANU

Whakapae | *Across*

1. KAKUKAKU
3. RENGAKURA
5. PAKĒ
6. TŪRUTU
7. RIKI
9. WHAKATIKI

WEEK FIFTY-EIGHT

Rāhina – Monday

1. Tirohia te mahere nei, ka tohutohu i tō hoa kia tae ki te whare karakia. Tuhia ō tohutohu. Kia neke atu i te toru tohutohu.

1. Look at the map and give your friend directions to get to the church. Write down your directions. Give at least three directions.

1. Haere tōtika ki te huarahi o Tōtara, huri mauī.
2. Haere tōtika ki te huarahi o Te Moana, huri matau.
3. Haere tōtika ki te huarahi o Hetana, huri mauī.
4. Kei tēnei huarahi te whare karakia.

2. Tirohia te mahere nei, ka tohutohu i tō hoa kia tae ki te kura. Tuhia ō tohutohu. Kia neke atu i te toru tohutohu.

2. Look at the map and give your friend directions to get to the school. Write down your directions. Give at least three directions.

1. Haere tōtika mā te huarahi o Kawaka.
2. Huri mauī ki te huarahi o Arawhata.
3. Kei tēnei huarahi te kura.

3. Tirohia te mahere nei, ka tohutohu i tō hoa kia tae ki te whare wānanga. Tuhia ō tohutohu. Kia neke atu i te toru tohutohu.
3. *Look at the map and give your friend directions to get to the university. Write down your directions. Give at least three directions.*
   1. Haere mā te huarahi o Awakino ki te huaraki o Haimona, huri matau.
   2. Haere tōtika ki te huarahi o Kōtare, huri mauī.
   3. Haere tōtika ki te huarahi o Hokianga, huri mauī.
   4. Kei tēnei huarahi te whare wānanga.

Rātū – Tuesday

1. Tuhia he whakaahua o ēnei tohutohu.
1. *Draw pictures of these directions.*
   1. Step out of your house
   2. Start the car
   3. Turn right
   4. Pass the school
   5. Climb the hill
   6. Stop at the lights
   7. Turn left at the corner
   8. Go straight
   9. Pass the zoo
   10. Cross the bridge
   11. Turn left
   12. My house is number 40
2. Tuhia he whakaahua o ēnei tohutohu.
2. *Draw pictures of these directions.*
   1. Leave the school
   2. Jump on your bike
   3. Turn left
   4. Pass the shop
   5. Go down the hill
   6. Turn right at the base
   7. Cross the pedestrian crossing
   8. Go straight for 2km
   9. Turn left at the traffic lights
   10. Cross the bridge
   11. Turn right
   12. This is Moananui St

Rāapa – Wednesday

1. Whakapākehātia te wāhanga tuatahi o te kōrero i waenganui i a Mere rāua ko Māka.
1. *Translate into English, the first part of the dialogue between Mere and Māka.*

Mere and Māka are driving around in Auckland.

Māka: This town sux! There are too many cars! No matter where you go, you are just crawling – crawling! What a stink town!

Mere: Be cool, Māka. You know very well there's an important reason why we came here; the birthday of our good friend Maiana.

Māka: You're right. What are the Google directions to get to Maiana's house?

Mere: We are in Papakura now . . . according to Google we have to keep going on the motorway, cross the Auckland Harbour Bridge, and when we get to Takapuna, get off the motorway. Turn right at the first set of lights. Then go straight to Moana Street.

Rāpare – Thursday

1. Whakapākehātia te wāhanga tuarua o te kōrero i waenganui i a Mere rāua ko Māka.
1. Translate into English, the second part of the dialogue between Mere and Māka.

Mere (continued): Then turn left and continue on for 1km, then turn right, and that's the road that Maiana's house is on.
Māka: How far is it from here to there?
Mere: 25km maybe.
Māka: How much time to get there?
Mere: Depends on these bloody roads, but it should take 20 minutes.
Māka: In your opinion, did we make the right decision to travel via Tauranga? Or should we have gone via Rotorua, because it's quicker?
Mere: It was ok travelling via Tauranga. 100km is the distance from there to Auckland, 100km is the distance from Rotorua to Auckland, so it makes no difference really.

Rāmere – Friday

2. Whakaotia tēnei pangakupu.
2. Complete the crossword.

Whakararo | *Down*
1. PŪTAKE
3. REWARANGI
5. MAUĪ
8. TŌTIKA

Whakapae | *Across*
2. MATAU
4. KILOMETRE
6. ARAHANGA
7. TAWHITI
9. KOKI

WEEK FIFTY-NINE

Rāhina – Monday

1. Pānuitia te kōrero i waenganui i a Mere rāua ko Māka, ka tuhi ai i ngā rerenga ***ana***. Kātahi ka whakapākehātia.
*1. Read the conversation between Mere and Māka, and write down any sentences that use **ana**. Then translate into English.*

1. Whakaae katoa ana mātou.
   We all agreed
2. Kōpā katoa ana mātou ki roto.
   We all crowded inside
3. Uru ana mātou
   When we went inside
4. Pahū ana a Terehia i te kitenga o tana rīpeka i te taha o tana wahine hōu
   Terehia lost it when she saw her ex with his new girlfriend
5. Tere tonu ana tā mātou puta i reira
   We got out of there pretty quickly
6. Kanikani pai ana mātou ki ngā waiata
   We danced hard out to the music
7. Pau ana te kaha ki te inuinu i ngā inu maha
   We went hard on drinking heaps of drinks
8. Pēhea ana rātou?
   How are they?

9. Hemo katoa ana rātou i te ata nei, e hoa
   They are all pretty wasted this morning, my friend
10. Tae atu ana a Hine ki te kāinga i tētahi rā
   One day when Hine got home
11. Haukerekerehia ana a Tame e Hine
   Hine just got stuck into Tame
12. panaia atu ana i te whare!
   kicked (him) out of the house!

Rātū – Tuesday

1. Whakaraupapahia ēnei rerenga kōrero kia tika ai te takoto o te kōrero i waenganui i Mere rāua ko Māka.

1. Put the following sentences in order so that the dialogue between Mere and Māka makes sense.

1. (d) I tīmata mātou ki te whare o Kahu.
2. (c) Ka kai, ka kōrero, mea rawa ake, ka kī a Kahu, me haere ki te tāone inu ai.
3. (h) Nō reira, ka whakarākai mātou, ka waea atu ki te Uber.
4. (f) Kāore i roā, ka tae atu ki te pāparakāuta tuatahi, ko 'Mihi Mai' te ingoa.
5. (a) Kātahi mātou ka haere ki te pāparakāuta tuarua, ko 'Ka taka te Pō' te ingoa.
6. (e) Nō te rua karaka i te ata pongipongi nei, ka hoki au ki te kāinga.
7. (g) Ao ake te ata, ka haere au ki te whakangungu, ka pātuhi ki ngā hoa kia kite ai, pēhea ana rātou.
8. (b) Hemo katoa ana rātou i te ata nei, e hoa, ka aroha kē hoki!

2. Kimihia te whakamārama tika mō ēnei rerenga kōrero. Tuhia he rārangi i te rerenga reo Māori ki tōna hoa reo Pākehā.

2. Match the sentences on the left to the correct meanings on the right. Draw a line to the correct meaning.

1. Taihoa ake nei	e. *Hang on a minute (gives you time to think!)*
2. He aha anō te kupu mō . . .	a. *What's the word again for . . .*
3. Ko wai anō te ingoa o te hoa o . . .?	f. *What's the name of . . . friend again?*
4. He pēnei te āhua o te mea nei . . .	b. *This thing (I'm talking about) looks like this . . .*
5. He pēnei te nui o te mea nei	c. *This thing (I'm talking about) was this big*
6. Kei te mārama koe?	d. *Do you understand?*

Rāapa – Wednesday

1. Kimihia te whakamārama tika mō ēnei rerenga kōrero. Tuhia he rārangi i te rerenga reo Māori ki tōna hoa reo Pākehā.

1. Match the sentences on the left to the correct meanings on the right. Draw a line to the correct meaning.

1. Whakahokia mai anō tō kōrero . . .?	e. *Can you repeat what you just said?*
2. He aha te kupu . . .?	a. *What's the word . . .?*
3. Āta kōrero mai, e hoa	f. *(Can you) Talk a bit slower, my friend*
4. Kāore i mau i a au te tikanga o tēnā kōrero . . .	d. *I didn't catch the meaning of what you said there . . .*

5. He / I pēhea te āhua? — b. *What did it look like? / What was it like?*
6. Āe, haere tonu tō kōrero — c. *Yes, go on with your story*

2. Kōwhiria te kupu tika mō ia pikitia. Kua hoatu te tuatahi.
2. *Choose the correct word for each picture. The first one has already been done.*
 1. auau
 2. pahū
 3. haruru
 4. hotuhotu
 5. korihi
 6. korowhiti
 7. mapu
 8. turuturu
 9. ngē
 10. tīoro
 11. tanguru
 12. ngengere

Rāpare – Thursday

1. Whakamāoritia ēnei rerenga kōrero.
1. *Translate into Māori.*
 1. Kātahi ka ngē ngā porotiti o te waka
 2. Ka peke māua i te taiepa, mea rawa ake, kei mua i a māua he kurī e ngengere ana
 3. Inapō, ka / i haere māua ko Mere ki te mātakitaki i ngā tiripapā e pahū ana i te rangi
 4. Kātahi mātou ka rongo i te waka rererangi e tanguru ana ki runga i a mātou
 5. Ao ake te ata, ka māuiui a Mere, hotuhotu ana hoki
 6. Ka tūtaki ki tētahi tangata e korowhiti ana i tētahi rangi e mōhio ana mātou
 7. I roto mātou i te pāparakāuta e kanikani ana, kātahi ka turuturu mai te wai i te tuanui
 8. Ka rongo au i te korihi o ngā manu, ka kite au i ngā rākau, ka kite au i ngā whare ātaahua, ka kite au i . . . he aha anō te kupu mō statue?
 9. Ka piki māua i te pahi i te rua karaka i te ahiahi, ka noho. Kātahi ka . . . ko wai anō te ingoa o te hoa o Hēmi? Āe, kātahi ia ka piki i te pahi
 10. Ka tīmata mātou ki te whakawhiti i te huarahi, kātahi ka rongo i te haruru o te taraka, ka oma

Rāmere – Friday

2. Whakaotia tēnei pangakupu.
2. *Complete the crossword.*

Whakararo | *Down*

1. PĀTUHI
3. KŌPĀ
4. TŪTEPUEHU
5. AUAU
8. NGĒ

Whakapae | *Across*

2. TĪORO
4. TIRIPAPĀ
6. HARURU
7. RĪPEKA
8. NGENGERE

WEEK SIXTY

Rāhina – Monday

Pānuitia tēnei kōrero kei waenganui i a Mere rāua ko Māka nō te Wiki Rima Tekau Mā Whitu, ka tuhi ai i ō whakautu ki ngā pātai.

Read the dialogue between Mere and Māka from Week Forty-Seven, then answer the questions.

1. Kei te mahi a Māka i tana hanawiti ki te tōmato, te rengakura, te roi huamata me te heihei
2. Te tūmanako, kia āhua kōmāmā te keke nei, kei te whakatiki au
3. E pakē ana te āporo?
4. He pai ki a Māka te kakukakutanga o te kiri o te heihei
5. I hokona te heihei e Māka i te hokomaha
6. (b) the meat is falling off (the bone)
7. Moist (of food)
8. I hoko keke hei towhiro mā rāua
9. Mō te tātā kai, kāore he painga i a tāua
10. Enjoy the food, cheers!

Rātū – Tuesday

Pānuitia tēnei kōrero kei waenganui i a Mere me Māka, ka tuhi ai i ō whakautu ki ngā pātai.

Read the dialogue between Mere and Māka, then answer the questions.

1. Ko te huritau o tō rāua tino hoa, o Maiana
2. Me haere tonu mā te huarahi matua
3. Me whakawhiti i te arahanga nui o Tāmaki, kia tae atu ki Takapuna, me wehe i te huarahi matua. Huri matau i ngā pou rama tuatahi. Haere tōtika ki te huarahi o Moana. Kātahi ka huri mauī, ka haere tonu mō te kotahi kiromita. Kātahi ka huri matau, ā, koirā te huarahi kei reira te whare o Maiana.
4. I tōna tikanga e rua tekau meneti
5. He maha rawa ngā waka
6. (a) What are Uncle Google's directions?
7. Go straight
8. Turn right
9. I haere rāua mā Tauranga
10. Ko Māka

Rāapa – Wednesday

Pānuitia tēnei kōrero kei waenganui i a Mere me Māka, ka tuhi ai i ō whakautu ki ngā pātai.

Read the dialogue between Mere and Māka, then answer the questions.

1. I tīmata te pō o Mere ki te whare o Kahu
2. I kōpā tā rātou noho ki roto i te Uber
3. Ko 'Mihi Mai' te ingoa o te pāparakāuta tuatahi
4. Haukerekerehia ana a Tame e Hine, panaia atu ana i te whare
5. I kanikani pai rātou ki ngā waiata, pau ana te kaha ki te inuinu i ngā inu maha
6. Teka (*false*): Nō te rua karaka i hoki ai a Mere ki te kāinga
7. Kia kite ai pēhea ana rātou
8. Kua wehe a Tame rāua ko Hine!
9. Nō Kahu
10. Whakapākehātia ēnei rerenga:
    a. Kātahi rā hoki! = *Far out!*
    b. E kī, e kī! = *Is that so?!*
    c. Tere tonu ana tā mātou puta = *We got out of there quick smart*

Rāpare – Thursday

1. Kimihia ngā kupu.

1. *Find the words.*

I	T	K	C	I	K	U	K	A	R	A	T	U	P	D
M	A	U	O	S	H	A	H	I	Q	I	S	R	S	Z
X	U	K	R	D	K	A	H	A	O	D	S	U	Y	G
M	I	U	A	U	A	U	R	R	P	O	D	R	Y	G
K	V	N	K	R	T	M	O	A	I	N	R	A	N	U
W	A	A	G	A	A	U	Z	E	U	R	S	H	I	A
W	K	M	P	E	M	K	R	T	A	H	M	T	X	H
U	A	T	A	M	A	T	A	U	M	A	I	P	K	A
M	D	T	H	Q	U	X	O	H	W	H	T	O	I	E
A	U	K	A	J	H	L	A	T	W	X	P	R	R	E
O	D	T	P	T	I	N	Y	O	I	Z	Y	O	I	B
I	K	J	B	L	O	T	R	M	K	K	R	T	K	L
N	J	C	W	M	R	O	X	J	E	N	A	I	A	H
R	E	N	G	A	K	U	R	A	R	M	D	T	D	B
E	R	A	M	E	R	A	M	Q	O	K	C	I	W	G

ERO	HARURU	HUARAHI
KAKUKAKU	KIKO	KIRIKĀ
KOROWHITI	KŪKARA	MAREMARE
MATAU	MAUĪ	NGĒ
PAHŪ	PĀTUHI	POROTITI
RANU	RENGAKURA	ROIHUAMATA
TIORO	TŌTIKA	TURUTURU

He mihi / Acknowledgements

Ki taku tōrere pūmau ki a Stacey,

Ki aku tamariki kāmehameha ki a Hawaiki, Kurawaka me Maiana Sam,

Ki taku kōkara whakaruruhau ki a Beverley,

Ki a Jeremy Sherlock me Stuart Lipshaw o te umanga o Penguin Random House,

Ki aku hoa whare wānanga, nā koutou nei i whakatō mai te kākano o te reo ki tōku whatumanawa, arā, ki a Finney Davis, Aramahou Ririnui mā, tēnā koutou,

Tae atu rā ki aku pouako kaingākau nā koutou nei tōku reo i whakapakari, i whakamakaurangi kia puāwai ki te ao, arā, ki ngā whitiki o te kī, ki ngā rūānuku o te kōrero, ki a Ahorangi Wharehuia Milroy, Ahorangi Tīmoti Kāretu, me Ahorangi Pou Temara,

Tē taea e te kupu noa ngā mihi o te ngākau te whakapuaki ake, nō reira, kia pēnei noa, tēnā rā koutou katoa!

To my darling wife Stacey,

To my precious children Hawaiki, Kurawaka and Maiana Sam,

To my ever supportive mother Beverley,

To Jeremy Sherlock and Stuart Lipshaw and Penguin Random House,

To my university colleagues Finney Davis, Aramahou Ririnui and many others who encouraged me to learn the language and embedded its essence within me,

To my admired lecturers, who continue to shape and enhance my language skills in readiness for the public arena, doyens of oratory, virtuosos of rhetoric: Professor Wharehuia Milroy, Professor Tīmoti Kāretu and Professor Pou Temara,

Words cannot fully express my gratitude!

More te reo Māori titles from Penguin Random House

MĀORI AT HOME
Scotty and Stacey Morrison
Māori at Home is the perfect introduction to the Māori language, covering the basics of life in and around a typical Kiwi household.

Whether you're practising sport, getting ready for school, celebrating a birthday, preparing a shopping list or relaxing at the beach, *Māori at Home* gives you the words and phrases – and confidence – you need.

MĀORI AT WORK
Scotty Morrison
Māori at Work offers phrases and tips for greetings and welcoming people, emails and letters, speeches and social media, with specific chapters on the office, construction and roadworks, retail, hospitality, broadcasting and teaching.

This is the perfect book to start or expand your te reo journey – no matter your skill level!

MĀORI MADE EASY
Scotty Morrison
Māori Made Easy allows the reader to take control of their learning in an empowering way. By committing just 30 minutes a day for 30 weeks, learners will adopt the language easily and as best suits their busy lives. Fun, user-friendly and relevant to modern readers, this book proves that learning the language can be fun, effective – and easy!

> 'This is not just a useful book, it's an essential one.'
> —Paul Little, *North & South*

MĀORI MADE EASY 2

Scotty Morrison

The bestselling *Māori Made Easy* gave learners an accessible and achievable entry into te reo Māori. Scotty Morrison now offers a second instalment to help readers continue their learning journey, unpacking more of the specifics of the language while still offering an easy, assured approach. Enhance your reo Māori learning with the most reliable – and easiest! – resource available.

A MĀORI PHRASE A DAY

Hēmi Kelly

A Māori Phrase a Day offers a simple, fun and practical entry into the Māori language. Through its 365 Māori phrases, you will learn the following:

- Everyday uses
- English translations
- Factoids and memory devices
- Handy word lists

Presenting the most common, relevant and useful phrases today, *A Māori Phrase a Day* is the perfect way to continue your te reo journey!

A MĀORI WORD A DAY

Hēmi Kelly

A Māori Word a Day offers an easy entry into the Māori language. Through its 365 Māori words, you will learn:

- Definitions and word types
- Fun facts and background information
- Sample sentences, in both te reo Māori and English

Exploring the most common and contemporary words in use today, *A Māori Word a Day* is the perfect way to kickstart your reo journey!

PRONOUNCE MĀORI WITH CONFIDENCE
Hoani Niwa
This book and CD set gives the basics of how to pronounce Māori correctly, while teaching a little of the language used in everyday life, and explaining: the Māori alphabet, pronunciation of each letter, syllables, stress, commonly mispronounced words and pronunciation for frequently used words, including the names of people, places and tribes.

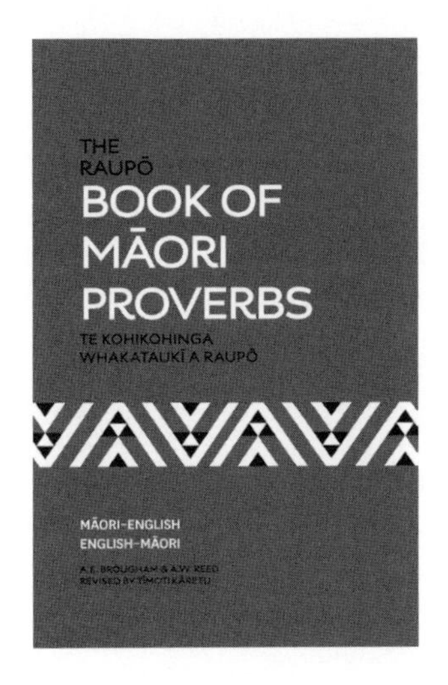

THE RAUPŌ BOOK OF MĀORI PROVERBS
A.W. Reed
Proverbs (or whakataukī) express the wisdom, wit and commonsense of the Māori people. Several hundred proverbs are contained in *The Raupō Book of Māori Proverbs*, categorised under a large number of diverse headings, with translations and explanations in English. This comprehensive and dependable book serves as both a useful reference and an insight into values of the Māori.

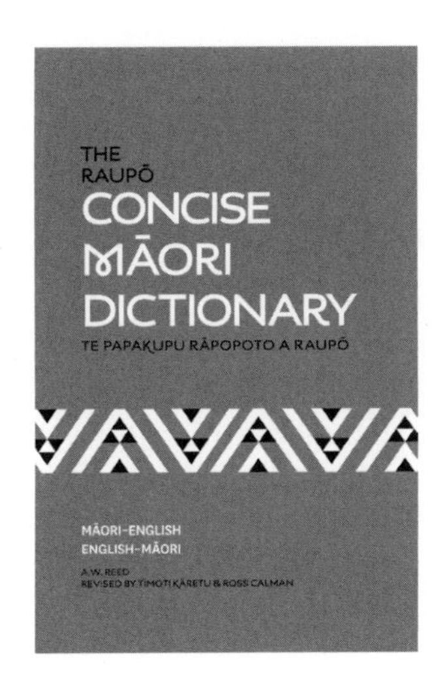

THE RAUPŌ CONCISE MĀORI DICTIONARY
A.W. Reed
The Raupō Concise Māori Dictionary is an invaluable reference work, providing an essential list of words and their equivalents in Māori and English. First published in 1948, the dictionary has been revised and updated numerous times since, giving testimony to its ongoing reliability as a reference guide to everyday Māori words.

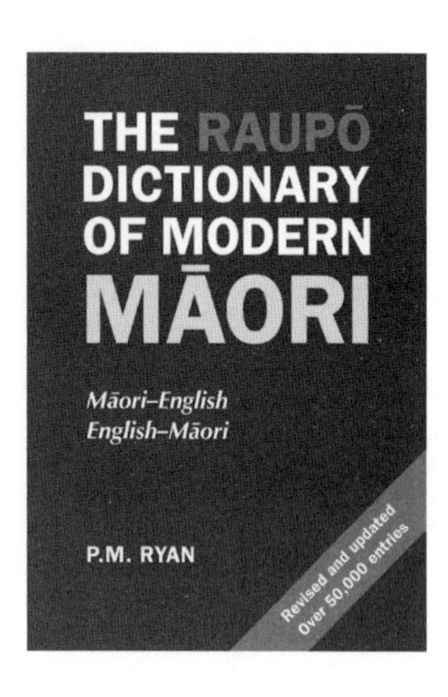

THE RAUPŌ DICTIONARY OF MODERN MĀORI
P.M. Ryan

- Contains over 50,000 concise entries divided into Māori–English and English–Māori sections.
- Includes words most commonly used by fluent Māori speakers.
- Features a vocabulary list with words for new inventions, metric terms, modern concepts and scientific, computer, technological and legal terms.
- Incorporates an easy-to-use guide to the pronunciation of Māori and a section on Māori grammar.

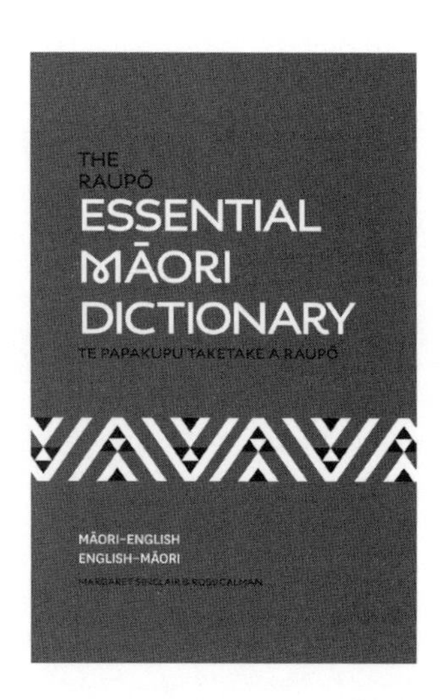

THE RAUPŌ ESSENTIAL MĀORI DICTIONARY
Margaret Sinclair, Ross Calman

- Clear, easy-to-follow Māori–English and English–Māori sections.
- All the words a learner is likely to encounter, including contemporary usage and modern terms.
- A section of themed word lists, including days of the week, months of the year, numbers, cities of New Zealand, colours, emotions, actions, parts of the body, in the classroom, and on the marae.

THE RAUPŌ PHRASEBOOK OF MODERN MĀORI
Scotty Morrison

Whether you're a novice or emergent speaker of te reo Māori, or a complete beginner, *The Raupō Phrasebook of Modern Māori* will equip you with useful phrases for the home, the marae, the workplace, meeting and greeting, eating and drinking and so much more!

> 'Clever but written in a user-friendly style ... an important little book for all New Zealanders interested in te reo.'—Katherine Findlay, *Mana*

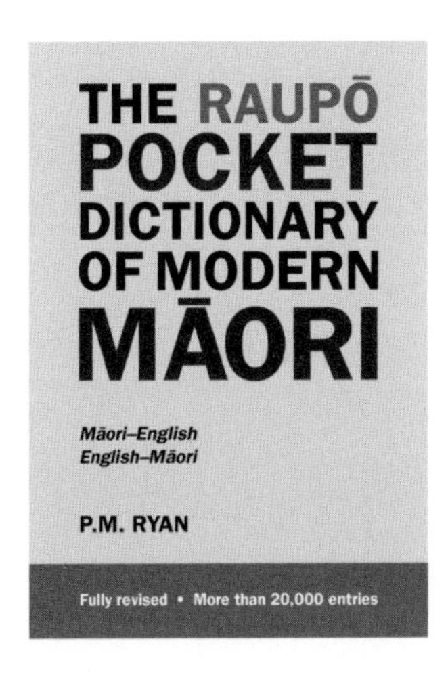

THE RAUPŌ POCKET DICTIONARY OF MODERN MĀORI

P.M. Ryan

- More than 20,000 entries divided into Māori–English and English–Māori sections.
- The most frequently used words in both languages.
- A guide to Māori grammar and pronunciation.
- Separate lists of key vocabulary and proverbs.

Children's

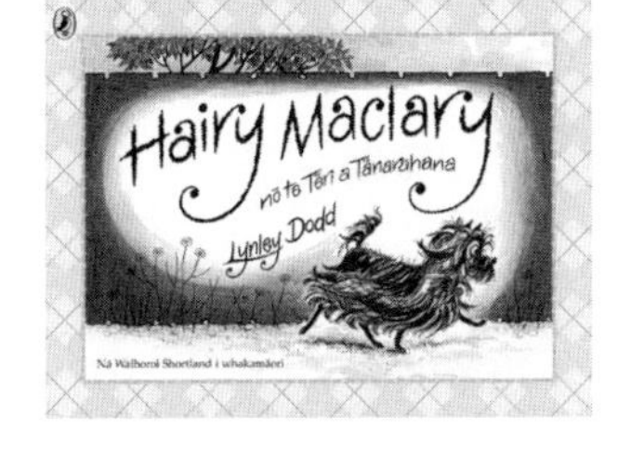

HAIRY MACLARY NŌ TE TĒRI A TĀNARAHANA

Lynley Dodd

Lynley Dodd's iconic *Hairy Maclary from Donaldson's Dairy* is translated into te reo by Waihoroi Shortland.

'Ki waho i te keti te hīkoitanga a Hairy Maclary nō te Tēri a Tānarahana . . .' Ka haere tahi nga hoa o Hairy Maclary ki a ia mea noa ake, ka oho mai he auē, he ngawī, he ngawē, makere kau ana tā rātou omanga kē. Nā te aha rā a matihao mā i marara ai?

KEI HEA A SPOT?

Eric Hill

Kei hea a Spot? is a Māori-language edition of Eric Hill's internationally bestselling lift-the-flap story, *Where's Spot?*

'Ka kino a Spot! Ko te wā kai. Kei hea rānei ia?' Join in the search for the mischievous puppy by lifting the flaps on every page to see where he is hiding. The simple text and colourful pictures will engage a whole new generation of pre-readers. Suitable for children aged 1–4 years, and perfect for bedtime.

KEI TE PEHEA KOE?
Tracy Duncan
A delightful, easy introduction to saying how you feel using te reo. Young and old alike will be able to describe whether they are feeling hōhā (bored), makariri (cold), matekai (hungry) or simply tinōpai rawe! (fantastic!). A pronunciation guide in the back of the book gives new learners to te reo a simple guide to the language.

Winner of Storylines Notable Book Award, 2009

MY FIRST WORDS IN MĀORI
Stacey Morrison
Illustrated by Ali Teo and John O'Reilly
If you'd like to speak the beautiful Māori language with your kids, this is the book to get you started!

My First Words in Māori equips your whānau with the first words you need to speak te reo at home together. Written by Māori-language champion and broadcaster Stacey Morrison, with pictures labelled in Māori and English, each page explores and reflects the faces and places of Aotearoa.

My First Words in Māori is a must-have for homes and classrooms.

TE RĀTAKA A TAMA HŪNGOINGOI: DIARY OF A WIMPY KID
Jeff Kinney
He kino ra te noho a te tamariki. Ko Greg Heffley tetahi e mohio pai ana ki tenei. Being a kid can really stink. And no one knows this better than Greg Heffley.

In this brilliant translation of Jeff Kinney's bestselling *Diary of a Wimpy Kid*, by Hēni Jacob, twelve-year-old hero Greg Heffley is the Tama Hungoingoi (Wimpy Kid) of the title.

A great book in any language, *Te Rātaka a Tama Hūngoingoi* is packed with laughter, gags, disasters, daydreams and plenty to keep young readers hooked until the very end.